MELHORES
POEMAS

Luiz de Miranda

Direção
EDLA VAN STEEN

MELHORES
POEMAS

Luiz de Miranda

Seleção
REGINA ZILBERMAN

São Paulo
2010

global
EDITORA

© Luiz de Miranda, 2006

1ª Edição, Global Editora, São Paulo 2010

Diretor Editorial
JEFFERSON L. ALVES

Gerente de Produção
FLÁVIO SAMUEL

Coordenadora Editorial
DIDA BESSANA

Assistentes Editoriais
ALESSANDRA BIRAL
JOÃO REYNALDO DE PAIVA

Revisão
JANE PESSOA
TATIANA F. SOUZA

Projeto de Capa
VICTOR BURTON

Editoração Eletrônica
ANTONIO SILVIO LOPES

Dados Internacionais de Catalogação na Publicação (CIP)
(Câmara Brasileira do Livro, SP, Brasil)

Miranda, Luiz de
  Melhores poemas Luiz de Miranda / Edla Van Steen [direção] ;
Regina Zilberman [seleção e prefácio]. – 1. ed. – São Paulo : Global, 2009.
  – (Coleção Melhores Poemas)

Bibliografia.
ISBN 978-85-260-1419-0

1. Poesia brasileira I. Steen, Edla Van. II. Zilberman, Regina.
III. Título. IV. Série.

09-09579   CDD-869.91

Índices para catálogo sistemático:
1. Poesia: Literatura brasileira   869.91

Direitos Reservados
GLOBAL EDITORA E
DISTRIBUIDORA LTDA.
Rua Pirapitingui, 111 – Liberdade
CEP 01508-020 – São Paulo – SP
Tel.: (11) 3277-7999 – Fax: (11) 3277-8141
e-mail: global@globaleditora.com.br
www.globaleditora.com.br

Obra atualizada
conforme o
**Novo Acordo
Ortográfico da
Língua
Portuguesa**

Colabore com a produção científica e cultural.
Proibida a reprodução total ou parcial desta obra
sem a autorização dos editores.

Nº de Catálogo: **2854**

Regina Zilberman, nascida em Porto Alegre (RS), licenciou-se em Letras pela Universidade Federal do Rio Grande do Sul e doutorou-se em Romanística pela Universidade de Heidelberg, na Alemanha. Foi professora da Pontifícia Universidade Católica do Rio Grande do Sul, onde lecionou Teoria da Literatura e Literatura Brasileira. Entre 1987 e 1991 e 2005 e 2006, dirigiu o Instituto Estadual do Livro, órgão do Governo do Estado do Rio Grande do Sul. Realizou o pós-doutoramento no Center for Portuguese & Brazilian Studies, da Brown University, Rhode Island (Estados Unidos). É pesquisadora 1A do Conselho Nacional de Desenvolvimento Científico e Tecnológico (CNPq). Coordenou a área de Letras e Linguística, entre 1991 e 1995, da Fundação Capes, integrando seu Conselho Técnico-Científico. Participou, entre 1999 e 2001 e 2004 e 2007, do Comitê Assessor para a área de Letras e Linguística, do CNPq. Recebeu, em 2000, na Universidade Federal de Santa Maria, o título de Doutor *Honoris Causa*.

POETA DE CORPO E ALMA

Em *Cantos de sesmaria*, livro que Luiz de Miranda lançou em 2003, o autor assim se apresenta:

Jornalista fui,
poeta sou,
de corpo e alma.

Quem conhece a obra de Luiz de Miranda sabe quão verdadeira é a autodefinição. Ela dá conta não apenas de seu modo de ser e viver, mas também das características de sua poesia, gênero, aliás, a que, depois de, na juventude, ter trabalhado com teatro, consagrou-se inteiramente. Luiz de Miranda publicou seu primeiro livro, *Andança*, em 1969, a que se seguiram dois outros, produzidos e lançados nos anos 70 do século XX: *Memorial*, de 1973, e *Solidão provisória*, de 1978. O Brasil vivia um dos piores períodos de sua história política contemporânea: um golpe militar, em 1964, derrubara o presidente do país, João Goulart, instalando a ditadura que perdurou por mais de vinte anos. Em 1968, o governo, que, desde sua instalação, já promovera cassações, prendera adversários do regime e obrigara dissidentes a se exilarem no exterior, intensifica, na sequência das ações facultadas pelo Ato Institucional nº 5 (AI-5), a repressão. Implanta-se a censura prévia dos meios de comunicação, suspende-se o *habeas corpus* de presos políticos e decreta-se o estado de sítio. Todos esses acontecimentos, porém, não amedrontam o refugiado clandestino no Uruguai e, no Brasil, procurado pela polícia, Luiz de Miranda. Seu livro de estreia antecipa sua visão corajosa dos fatos políticos e, em *Memorial*, declara: "Onde tenho a injustiça/me detenho". *Solidão provisória* dá continuidade à exposição do engajamento do artista, que, em "Declaramento", lembra a "grávida rebeldia/que me acompanha".

Estado de alerta, editado em 1981, contendo textos escritos na década anterior, é a obra em que faz a passagem da poesia política dos anos 1970 para o lirismo subjetivo que doravante assinala seus versos. *Livro do pampa*, de 1995, expressa o leitmotiv que acompanha o poeta: "Meu coração está comigo", diz o sujeito, reforçando o emprego da primeira pessoa, ao recorrer ao pronome possessivo e, depois, ao pronome oblíquo. *Quarteto dos mistérios, amor e agonia* verbaliza outra vez a simbiose entre o sujeito do poema e o assunto dos versos – "Sou meu caminho", propõe ele –, caracterizando, de um lado, o compromisso do autor consigo mesmo, de outro, sua liberdade e autenticidade. Em "O semblante da pampa", de *Trilogia da casa de Deus*, o poeta exprime o modo como se vê: "Menino ainda sou/ e assim me canto".

Afirmar o próprio eu e, a partir desse ponto, construir a poesia são as marcas da poesia de Luiz de Miranda. A identidade pessoal é o ponto de partida de uma obra fortemente subjetiva, facultando ao sujeito dizer de si mesmo: "Sou o louco, o deserdado, o gaudério", como procede em *Cantos de sesmaria*. Não significa que o narcisismo predomine em suas estrofes, já que reitera o compromisso assumido nos anos 1970, conservando a juventude e a rebeldia dos primeiros cantos, a solidariedade latino-americana, a generosidade social.

O amparo no sujeito lírico não reside apenas na sensibilidade do eu presente. A memória e a experiência da temporalidade sustentam seus poemas desde os primeiros livros. Em "Instante", de *Solidão provisória*, a "pedra secreta da memória" constitui o núcleo duro e inquebrantável dos versos. Sabendo que ela conduz a expressividade de suas palavras, Miranda confessa em "Vento díspar", de *Amores imperfeitos*: "a memória é um navio sem porto". As lembranças do poeta formam uma constelação de símbolos que povoam os textos. O rio Uruguai, que divide o Brasil e a Argentina, domina esse universo, como se suas águas fecundassem as recordações, o passado e as palavras. Em "Estado de alerta", do livro que tem esse título, o rio fronteiriço é celebrado como berço, de onde emergem as principais vertentes temáticas e afetivas dos poemas de Luiz de Miranda. A cidade natal, o pampa, a casa materna, a infância, são igualmente a matéria que se aloja na interioridade do criador, para explodir em poemas ao longo de sua trajetória literária. "Recuerdos de minha mãe", de *Trilogia da casa de Deus*, é o texto em que o discurso da memória e o da saudade se irmanam para dar conta da história íntima do autor.

    O pronome de primeira pessoa não é, porém, o único sujeito dos verbos utilizados nas estrofes de Luiz de Miranda. Ele convoca o pronome de segunda pessoa – o *tu*, preferido pelos sul-rio-grandenses – para se dirigir à mulher amada. Ela é presença garantida em todos os livros, dividindo com o poeta o papel de personagem principal das obras. Numa delas, a amada é protagonista, centralizando o discurso: *Amor de amar*, espécie de *Cântico dos cânticos* do escritor gaúcho. Tal como nos versículos atribuídos ao rei Salomão, no Velho Testamento, Miranda dá vazão à sensibilidade amorosa, valorizando a sensualidade emanada do corpo feminino, como se pode verificar em "Na seda do coração". O erotismo se faz igualmente presente, de que é exemplo "No brilho seco da noite", corporificado no desejo despertado e na liberdade com que se expressam os jogos sexuais.

Quando não se refere ao amor à mulher, suas realizações ou decepções sofridas, Miranda expõe sua segunda paixão: a cidade de Porto Alegre. Sem abdicar do sentimento amoroso provocado pela terra natal, a Uruguaiana da infância, personagem de muitos versos, mas matéria sobretudo da saudade e da nostalgia, o poeta entrega-se inteiramente à cidade de adoção. Homem que percorreu cenários tão distintos, como o pampa que atravessa nos *Cantos de sesmaria*, assim como as cosmopolitas São Paulo, Rio de Janeiro e Buenos Aires, onde viveu partes de sua vida, Luiz de Miranda elegeu Porto Alegre, tal como Mario Quintana, a "cidade do [s]eu andar". E, como o conterrâneo de Alegrete, o uruguaianense olha "o mapa da cidade", não, porém, como quem examinasse "a anatomia de um corpo", mas como o caminhante que percorre todas as vias, bairros e vistas possíveis, à luz do dia e à noite, vasculhando os lugares e identificando-se com os seres que os habitam.

Em *Porto Alegre – roteiro da paixão*, de 1985, o sujeito poético encarna o *flâneur* imaginado por Walter Benjamin e, na visão do pensador alemão, protagonizado pelo poeta francês Charles Baudelaire. Também Miranda corta o coração da cidade e devassa o bem e o mal, sabendo que é no submundo urbano, e entre marginais e excluídos, que encontra a expressão mais completa da urbe, a única capaz de se metamorfosear em poesia. Suas palavras são altamente expressivas desse reconhecimento e da dívida da cidade para com as personagens que ocupam as franjas da sociedade:

> Porto Alegre Porto Alegre
> nas madrugadas tuas putas
> de carne e solidão
> escrevem o poema
> mais do que secreto
> aquele que se lê
> sob o céu aberto
> dos quartos de aluguel

Mapear a cidade significa reconhecer seus modos de expressão, que encontram no poeta o porta-voz por excelência. A poética de Luiz de Miranda repousa sobre esse pressuposto, segundo informa em *Nunca mais seremos os mesmos*: "O poeta nomeia as coisas/ e ordena o mundo". Não é, porém, no livro publicado em 2005 que Miranda expõe pela primeira vez sua concepção de criação; "Poética brava", de *Solidão provisória*, desempenha a função de manifesto do autor, convicto de que

> O poema é o sistema
> onde a palavra
> grava o conteúdo
> grave e feroz de tudo

Persuadido de que o poema é "um potro vidente/ armado até os dentes", o autor não admite fronteiras, nem censuras, que diminuam ou controlem a força do verbo, quando depositado num texto literário. No *Livro do passageiro*, os versos de "O poema é tudo" reiteram a certeza de que a linguagem da literatura tem um poder que ultrapassa a vontade do criador, sendo capaz de "rasga[r] a caixa do mistério" e "deslumbra[r] os objetos da morte".

Diante da pujança da linguagem poética, o poeta torna-se impotente, convertendo-se em seu servidor e cultor. O sujeito que não abre mão da subjetividade, expondo, com franqueza e sem qualquer pudor, sua interioridade, dores, crenças e amores, depõe as armas e dobra-se à própria criação. Explica-se porque ele pode valer-se tão naturalmente da primeira pessoa, já que esta, manifestação do sujeito, é transitiva, e não centro do mundo ou ponto de chegada. É, pois, porta de acesso ao poder da poesia, de que o sujeito lírico é meramente subordinado transmissor.

Poeta em tempo integral, Luiz de Miranda rende-se à linguagem, senhor que o domina e a que ele, consciente, entrega-se de "corpo e alma".

Regina Zilberman

POEMAS

ANDANÇA

A Cassiano Ricardo

I

Amanhecemos sobre café e notícia
troar de tambores anunciam a morte
de todas as flores e a gota orvalhada
de silêncio estremece pétalas e desce
na agonia do azul

Minha amada dorme um sono enorme

A notícia de letras pretas
sangrando matizes de aurora
discorre o dia branco de sol e terra

Minha amada acordou acordes
para o palmilhar dos caminhos

o café desliza manso
e todas as mesas rezam xícaras escuras

II

A moeda mói mãos no decurso das horas
e o mapa do dia alastra pelos rastros de luz
lastros de corpos vergando a planura
o sol equilibra o tempo

bocas de trabalho, ocas de esperar
no vazio dos pratos cantam hinos
violinos violados viajam
procissões de caminhos expostos
explodem na brancura dos rostos
a arma(dura) dos confrontos
e morrem palavras na lavra da terra

Há um (les)mar de passos em retirada
a mesa lisa lesa fios de nervos
a seca dos trevos-azuis solta dos dedos
trevas de medo e andanças mal andadas
e no vazio dos pratos cantam hinos

III

Na várzea da tarde jaz
     a paz
arde sobre cidades
a réstia de milagre
fuzis ardendo ira
na mira das horas

A dor da vida queimando a vidraça
o suor da lida escorrendo na praça
explodem canções de combate
amotinam pedras do caminho

O armador das teias constrói sistemas
amenas amêndoas emendam colares
corais para o encontro dos crepúsculos

Longas esperas na esfera azul
(amor)cegando cortejos de noites
rolando espirais de braços
no grito das turbinas

A noite escorre por nossos corpos
procissões de mortos transfiguram estrelas.

PRIMEIRO CANTO À COMPANHEIRA

A Verinha

Teus olhos vestiram horizontes

Tuas mãos abertas para um poente
de camponeses escravos
e para uma aurora de crisálidas verdes
como os campos gerais sem farpados
que não tardará acontecer
no tempo de nossos pés

Teus cabelos por minhas mãos
escuras de terra e noite
e as de muitos guerreiros esparramados
à procura de campos verdes

Tua boca aberta para o encontro
ou para o grito universal de liberdade

Teu silêncio
acontece violinando os nervos tensos
por onde hão de passar clarinadas
de sóis abertos e revoadas estrelares

Teu corpo
à procura de infinitos clarões
onde fiquem as correntes
que nos arrastam no tempo

Nossos braços abertos para o grito
e para a aurora de campos gerais
por onde seguirão os filhos de nossos corpos.

SIGNOS DE PARTIDA

Cortejos de ausências, signos de partida
uma imemorável figura em cada coisa.
Mãos voadoras trazem recados
da menina azul que habitava
os anos de colégio.
O instante exato roubou-me a fêmea
e o tempo esfacelou o corpo
em esperas e partidas.

A noile sinou-me
a sangrentos sinais.
O tempo de chagas
cobriu os sentidos.
Vestido de espada,
vertendo manhãs vermelhas
conduzo restos do corpo.

Acenos de rosa transpassam
os vitrais de mim mesmo
e morrem no gelado silêncio das ausências.

ELEGIA DO INSTANTE

O instante rústico
rutila restos
de imagens mortas
e a flor da manhã
esconde meu rosto
no ventre espetalado

O instante escorrega
a carga das horas
carrega sem sombra
soma silêncio
sonda mistérios
desata (pa)lavras
medidas no medo

O instante é fato
na construção do ato
o instante é grito
na boca do irmão
o instante é tédio
na mão côncava
o instante é logro
na terr'arada
o instante é laço

no espaço em fúria
o instante é luto
no vulto em luta
o instante é ventre
entre parêntese
o instante é sobra
sobre nossa sombra
o instante é vida
no caminhar da morte

Seguindo segundos
rodam relógios
rondam mundos
o instante estampa
o instante estala
o instante é fala
o instante é bala
o instante explora
o instante explode

Diante do instante há sombras
que descem agonias sobre as horas
agonizam canções de embate
flechadas bandeiras de combate

O instante trouxe rosas transfiguradas
de ausência para as mãos de espera

VIGILANTE

O que lembro de dezembro
é um terreno sem herdeiro
a mesa vazia
e os olhos de minha mãe
abandonados

Cheguei a dezembro
nutrindo nas raízes
a fome
e um nome dissonante

Alço minhas armas
onde travo meu exílio
e minha pátria
é uma casa destelhada

Não inventem dezembros
os meses são iguais
distintos os momentos
e este dói na memória
como torneira de fel

O que lembro de dezembro
são facas no ar
sua denúncia de fio e fúria
e a vigília que transporto
em silêncio

SOBREVIVENTE

Só, irás ao sul
   a espremer o vento
só, irás ao contento
   da invernia

Tudo te foi dado a meio
   gastaste a mão
o grito
   e jogaste pela janela
ao vazio
   as sementes
os gomos da viração

Sabes nome e começo
   és tormenta e fome
viração mais dura
   a pôr costura no tempo

Não sabes do silêncio
que há no mofo dos livros
sabes do mofo
   resina espessa
      ao desuso
a miudar teu equilíbrio

Aí estás sem ponto de apoio
agras o próprio tombo
carregando à memória
sobras de infância
e cavas nesta queda
o que resiste

Aí estás com medo
os pássaros foram surrados
    ao amanhecer
o amor é que te move
    contra a dor
ainda bruto
    se abre
entre sabres
    o diário

O que te é dado
    é silêncio
tem forro na língua
    e mínguas mais profundo
como fruto despencado

Só, irás, na esperança
porque o momento é dado
dilata os gomos da manhã

Irás, suficiente por dentro
como a memória de uma fruta

ARTEFACTOS PARA CUMPRIR A VIDA

I

Nasci em Uruguaiana
com todos os benefícios da memória

O rio Uruguai é mar de infância
pendurando no rosto
a fuselagem de meus ossos

II

Quanto indaguei
no transe das coisas íntimas
agora prendo nelas o tambor de meu desejo
as fatias desprovidas destes dias

Quanto dói a lonjura
que fecha nossa infância
e mais se sabemos rompido
o caminho da lembrança

III

Onde tenho a injustiça
    me detenho
não há entrave no meu canto
e canto (prova mais dura

de ser presente – não aparente)
o que resiste e sem demora
veste a roupa de sua hora

Para tanto
asilar as dores de cabeça
em carreiras
despedir   dos relógios
a despedida
          ser de resguardo
          nos guardados
da esperança

Asilar o primeiro amor
o coração desabitado
e nesse arredo
suspender dos meses a solidão

Arredar o medo
sem o segredo do transporte
ao visto vigiá-lo
como pedaço do próprio corpo

IV

Em todos os nortes e ventos
disponho os trastes inábeis
já auferi à vida outro trajeto
e abandono de vez
a ressaca dos domingos

Haverá quem pergunte
coisas mais solenes
haverá quem indague
no branco das camisas
nas gravatas e sapatos
minha altivez

Não isso não
a vida é corredor sem regresso
derivando derivando
aonde se abandona
o mofo do regime

V

Ah! uma canção
lonjura de pó
nas paredes que me cobrem

Tanta morte enfeixa
minha camisa de brim
que morrer faz diferença
     na distância
onde meu sonho se anuncia

Tanta morte equilibra no meu ombro
no lado esquerdo
onde escondo o pensamento
que viver é ir com todos
sem nunca se perder

VI

Na linha do horizonte
a justiça equilibra seu pronome
é deveras distante
é deveras enrolado ao falso de seu nome
nos documentos vigentes do sistema

A justiça é porto seguro
represa de vento
onde desembarcamos a vida
é porta operária
onde o tempo é arma acesa
e fantasma

VII

Onde tenho a injustiça
me detenho

Sou desembarcado
      não por desejo
nos domicílios de mil novecentos
      e setenta e dois
num abril que resseca minha idade

Sou desembarcado
e desde muito
teço junto aos irmãos
nova rede nova arma

Não exaspera minha descida
nesta hora
aprendi do caminho
como a serpente
o veneno de si mesma

Aprendi não de repente
a rebeldia elementar
e nos seus volumes cinzentos
fundei minha casa

Golpe a golpe
desmembramos o dia
o difícil instante
onde fundamos nossa casa

VIII

A vida é trajeto vivo
cumpre movê-la
suspendendo nos dentes
o mal nascido

Mas até amanhã
onde até dezembro
colocar a mão desprovida
o coração maduro que despencou?

O amor
    ainda censurado
é permitido às palavras
nelas fazemos muradas e abrigos
em dia de boa paz
o roto armar da vida

Onde antes que a noite
permita todo seu pasmo
colocar o sal e a pólvora
e a tristeza e as horas
roubadas dos relógios?

IX

Ah! canção para cumprir a vida
sempre adiada
artefacto de sonho
para cobrir o que me falta
o que me resta

Todo o desigual
é uma distância sem perdão
e mofa em nossos olhos

DESMANHÃ

A herança
dentro da manhã
é pesado véu de nuvens

O que informa
é o disforme
das camisas nos arames
a forma rota de um rato
um rosto amanhecido sem tempo
em desuso
onde o jogo escuso
esconde o ácido das pálpebras

Dentro da manhã
a morte estalando
nas paredes
e o sangue lidando
com enxadas
carrega a falência

Na manhã
O amor é governar barcos
num mar sem portos

Dentro da manhã
extraídos das sementes
rebentamos à toa
e mal soa o bater
de nossos gritos

PASTORAL

Encargo de conduzir ovelhas
neste horizonte fechado
de luto e perigo
emborcando a lembrança
com cadeados de chumbo

Aí a esperança larga
bolsões de solidão
a esperança na espera
a refiar com cuidado
a pastagem
e o sobretudo da viagem

Aquiescendo (apenas) dos amigos
nesta passagem ruidosa
com turbantes de tormenta
gladio a vida
           com fereza
de avivar palavras

Não se omite a verdade
em corredores de fumaça
a verdade é fruto em fatias
jogada neste cansaço
bate em nossa cabeça
com eternidade

Amargo o encargo
de guardar ovelhas
nesta fronteira
despedida do reino

CONTACTO

Aqui, descubro
o dia pelo avesso
avaro andar
amar amargo

Possuo evasivos
bens de herança
retrato estranho
a modelar rebanhos de manhãs

Sempre a morte
vizinhando
chegará sem pedido
ou informe
escrita nos mapas
assalariada do tempo

Várzea grisada de perguntas
que possuo
carregada a distância
semente entre os dentes
desde a infância

Eis o momento de dividir a herança
de amargas amarras
cargas trazidas
por esquecimento
na lembrança

Poucos haveres
nesse terçar de pombas
cingidas à noite

Habitado dessa fúria
   de conhecer
com uma flor
   entre os lábios
a casaca de inverno
   permaneço
enquanto esqueço

Encostado nos meus ombros
quero saber de tudo
e aqui padeço
de ser entre aves
a tentativa de voo
povoado de viagens

Aqui, destinam minha casa
como todas as outras casas
há medo aberto nas paredes
e os outros se destinam
como quem cansou de ter medo

Aqui, o insulto
me reduz a formas de pária
   insepulto

DECLARAMENTO

Por todos os medos
que andam comigo
por este cansaço prévio
e as lonjuras do pensamento
meu reino é por ti

Meu corpo, de cabelos
ossos e fome
se morto, é um metro
e sessenta e nove no chão
mas, em pé, a mesma
medida de rebeldia e solidão

Meu corpo, vivo
brilha por ti
e teu olho embaçado
    como a despedida
para oscilar na minha mão
    o desconsolo
de ver-te no verde
    e perder-te
na embocadura de um poço
onde não chega a voz geográfica dos mapas
mas se ilumina a figura desta canção incendiada

Onde te ausentas, pátria amada
neste espaço de ar
       escasso e poluído
nada se deita
é hol de uma casa saqueada
paiol de cinza no coração

Se deita o alforje
       amargo
que o corpo deixa
       ao morto
deita a ossatura de cimento
o mármore branco da chuva
o silêncio de pedra do esquecimento

Deita a solidão
       com sua mão de sombra

Neste espaço de ar
neste claro aumento de escuro
há um declaramento
sufocando as palavras
e já ouço o rumor de pressa
que há nos ossos
um galope sob o silêncio

É bem de longe
       que se anuncia
a grávida rebeldia
       que me acompanha
do nascimento a este
estado de alerta
       fruta aberta na janela

quartinha de sangue e insônia
estado de alerta
contra o sono
mais pesado que o chumbo de uma arma

Viajo com os símbolos
desta angústia na mão
como se preso ao peso
dos anos e à melancolia
que nos visitam dia a dia
habitualmente

Viajo também entre
constelações de vidro
de um relógio de bolso
ao lado, o coração
o barulho estreito
de sua interrogação

Viajo e meus companheiros
ocultos pelo silêncio
    ficaram tão longe
    ficaram tão mudos
contra o muro
    e eu tão só contra
    este céu de estanho
contra o mar estranho
    debaixo da chuva

Viajo à vigia
que aumenta a insolência
    dos maxilares
e deixa ir pelos ares o tédio
a pequena vingança de riso figurado

Declaramento este
por ordem pública sabido
deserdado do sentimento maior
que habita a alma por dentro
sentimento que navega raiz-a-raiz
e amplia um novo dia
para cobrir nossa cicatriz

Meu reino de retina real
residência dos dedos
    e da solidão
sob as árvores
inclina uma sombra verde
e aos mortos declina
um verbo a ser conjugado

Meu reino é por ti
minha mão única e unida
    não se divide
é soco que fere seco
o silêncio estabelecido

Este reino (palavra a palavra)
cresce além destes casulos
e desde meu óculo
    de aumento
se inaugura e floresce
    em outro declaramento

ESPERANÇAMENTO

Que se apiedem de nós
nossos filhos
pela fome que agora
        suportamos
calados
e mais esta fome de palavras no ar
o esgotado relâmpago
a chuva opalina da tristeza
e o dia pelo avesso
cárcere de sua ótica luminosa

Que se apiedem todos
        do passarinho
que não se solta
        com o fogo de suas asas
sobre nossas casas
        como quando eu menino

Mas um dia
voará para o alto
o pássaro saqueado
como uma sombra móvel

Irá tão longe, à toa
o interrogatório, o prisioneiro
voam com ele
a lúcida esperança voa
sob a garoa vegetal
somos tantos debaixo
    do céu
sob a ditadura
    somos tantos
que à demora
    podemos nos perder

Mas aqui e agora
disciplinado, apenas
o poema se move

CONVITE

Deixa o medo
nas gavetas da cômoda
no armário das coisas loucas
e das loiças velhas
no incômodo vestuário
das coisas sujas

Deixa o medo
governar o seu
próprio segredo
sua paisagem medrosa
que vive na casa
dos humildes
em forma de fome
de umidade nos olhos
que a palavra sem nexo
a si mesma se arrasa
e não se desabotoa
no brilho da manhã

Olha mais perto
o rosto da vida
vê o cheiro de escuro
dos bichos rente ao chão
as distâncias luminosas do céu
e
do coração acelerado da esperança
vê o instante que construímos
com a tua mão na minha
é o cristal da noite
arma acesa em nossa voz

TUA LEVEZA

Voa para o alto
este coração em sobressaltos
carregado pela tua
leveza inesperada
me levas simplesmente
como a uma ave
ao regaço redondo
de um céu emborcado

FERRAMENTAS DO TEMPO

A Lígia Averbuck

Ferramentas do tempo
feito luz de manhã aberta
luzindo à sombra da porta
do próprio corpo
armas luzindo na noite morta
junto aos cadáveres do sonho
e o vento jogando
mundos indecifráveis no ar

Tento reduzir a sina
reduzir o sinal
luzir no fundo da morte
tua presença

Tento reluzir
na pálpebra do verão
no ombro da tarde
e escorre alegria
na alameda fechada do dia

E tudo são papéis, poeira
fiapos de lembrança
pedaços da própria carne
e tudo arde no ar
à luz desamparada das coisas envelhecidas

Ferramentas do tempo
trazem lampiões lamparinas incêndios
trazem o fogo de dentro
de terra e do corpo
a repor memória ao companheiro morto

LIÇÃO

Aprendo o lilás da luz
como quem arde
sob o teto da aurora.
Nenhum sinal do teu nome,
nenhuma porta na estrada,
mas rente a mim
esta sombra azul
que me alucina em mar.

NINGUÉM ME ESCUTA

Os sóis não se avistam.
Em vão chamo teu nome
que a tarde amarga anuncia.
Ninguém escuta
as roucas palavras
que se dilaceram
     aos ventos
como se fossem estrelas
ou cegos pensamentos.

LIVRO DO PAMPA – VII

Ó quanta noite e silêncio
se multiplica na treva do horizonte.
Quanto de mim mói o tempo
no espaço do olhar:
há espanto e morte
diante do maço
vazio de cigarros,
no que falece
no copo branco
de vinho tinto.

Ó quanta coisa se multiplica
aqui diante da janela grande da casa.
As naves luminosas, vaga-lumes,
armam constelação de brilhos.
A noite é senhora do mistério
e me permito ver o que não existe
só para provar que a luz divina
a tudo assiste
com seu cortejo sagrado.

Multiplicam-se nesta hora,
na noite verde do pampa,
os segredos e seus vassalos,
o que se move no soalho.
Animais minúsculos e domésticos
fundam no escuro sua artesania

e instalam assombros
rente ao chão.
O que não percebemos,
perdidos em nossa solidão,
espíritos que não sabemos,
visões do que necessitamos,
flâmulas do tempo,
o que era antes matéria viva,
hoje padece no limite do olhar.

Meu coração está comigo.
Dita os semblantes da vida,
o que instauramos na distância,
o que viceja nas angústias do corpo,
carência do que nos envolve
dentro dos incêndios do amor.
As mil facas que lancinam
nossa alma,
vindas da ordem do dia,
no cotidiano da cidade,
às vezes, aqui, na imensidão,
nos atingem o frágil coração.

Meu coração está comigo
para que nada se perca,
mesmo o perecível e barato
dos amores passageiros,
ou os ácidos do abandono,
o que nos corrói no sono,
as horas negativas.

Muito de nós se decompõe
antes da morte,
viva matéria inerte
que empobrece à altura do sonho.
E, no entanto, sonhamos
com nossa fé e nossos ossos.

LIVRO DO PAMPA – XXII

A vida é feroz;
mesmo em seu repouso fere.
A luz âmbar do outono,
os violinos da tarde,
perpetua no abandono.

Na cinza perdura o fogo
que salta para dentro do dia
o princípio e o fim do jogo
como a tristeza e a alegria.
A terra nos guarda e amplia
a voz cansada da infância
cheia de musgo e distância.

A vida é feroz
nas quinchas do pampa,
onde rói a chuva e o vento,
tristezas e lamentos
na nuvem gris da lembrança,
feito perdida criança.

AS MARGENS DO MEU CANTO

As margens do meu canto
se espraiam pelas esquinas do mundo.
Vertente de água, rio sem fundo,
só o silêncio sinfônico das palavras
vem neste verso desesperado.
Vamos tecendo
o que amor empresta aos caminhos.
Às portas da aurora,
somos filhos do aqui e do agora.
Juntos, vamos sozinhos.

Suporto a quietude mais profunda.
Vou vencendo as tormentas
com a bússola da música
e aquilo que dela se inventa.

Suporto o feroz da ventania.
Salvo a luz e a alegria.
Ilusões dormem nos aramados.
Vão-se amores amados
e rolam as horas nos rolimãs do tempo.
Medidas do que no mar é vento.

A TRISTEZA DA AUSÊNCIA

Na distância mudam-se as cores do vento.
Alimentam-se na brisa os nós da solidão,
mas a vida reluz e é tudo o que invento,
e põe no destino as rendas da paixão.

Caminhamos o que não chega e é longe.
Moinhos de pó, sonhos e estrada,
o que cintila no vórtice do bronze,
sino, silêncio, sinal que a amada
vai deixando no burel dos meses.

Que a estrela breve do amanhecer
palpite sempre na seda dos dias,
e se ilumine a arte de quem viver
a tristeza da ausência e sua melodia.

IREI AONDE A NOITE PULSA

Irei aonde a noite pulsa,
com a juventude de meus dias,
estrela sonolenta e fugidia,
que o céu descobre para nossa alma.
E um menino inventa seu destino,
que varre as estações e os anos,
com tristeza breve e vis enganos.

Noite, senhora dos assombros,
vamos luzindo ombro a ombro,
roubando o retrato dos espelhos,
para fugir de mim e dos meus fantasmas.

Irei sozinho, sou meu caminho,
amurada flébil
        que me elege,
sonho perdido,
        mas ainda sonho,
murada de luz que me protege.

VIDA MINHA, SOU TODO VOSSO

A Talo Pereyra

As facas são amoladas
no caudal das horas,
sigo seu fio agreste,
razão do que me deste.
Procuro com sua lâmina
cortar o que fere
minhas tristezas estrangeiras,
a solidão a tudo adere,
beira de rio,
                    beira de mar,
                    beira
do meu olhar vazando no escuro,
caminho que me leva para o futuro.

Há silêncios brandos
que na tarde andam,
caminho nesta tarde
um andar quase covarde.
O mar é água para meus navios,
as facas criam seus próprios rios.
Preciso de vento,
ainda que lento,
para mudar o rumo
de minha vida torta.

Sonho uma estrela,
levanto o corpo e o que nele dorme,
deixo atrás uma tristeza disforme.
Vamos à vida com pressa,
esperança que não cessa.
Vida,
        meio louca,
                      meio perdida.

A estrada é longa,
                sonho o que posso,
vida minha, sou todo vosso.

Porto Alegre, 4 de agosto de 1997

SÓ CONHEÇO A PALAVRA ESCRITA

Tudo é desvão de mágoa,
nos ramais da madrugada.
Já estila o que pensara,
ao leste do corpo
de tudo o que amara.

Vaza aqui o esquecido,
o deixado sob a tarde,
aos cuidados dos anjos.
Nem tudo está perdido,
se Deus nos ouve,
mesmo indecifrado
num clarão de lua.

Tu nunca foste minha,
apenas roçaste
a pele fina da alma,
que estava solitária
à beira de um caminho
      sem nome.

Assim chegaste
      e também partiste,
      em meio ao temporal.
Fiquei mais triste.

Carrego mais uma sombra no coração.
Talvez sombra leve,
        sombra breve,
talvez sombra para uma vida inteira.

A estas coisas
        só o tempo responde,
na sua ampulheta de prata,
quanto dura
        a paixão que se desata?

Não olho para trás,
sempre vou em frente,
rente
        às auroras
                alumbro.

Renasço com as mãos
repletas de sonhos
que irão brilhar,
        um dia,
em minha solidão.

Agro até o que não posso,
busco o que ilumina
o chão batido destas horas.
Uma flor do campo
espera por mim,
e canto essa luz
quase divina.

Não deixo a estrada,
a amada não dita
minhas leis.
Não conheço paradeiro,
só conheço a palavra escrita,
que me leva para o fim do mundo,
sou água de rio e nela me afundo.

Pelotas, final de tarde de 17 de janeiro de 1999

DAREI AOS VENTOS

A Lya Luft

Darei aos ventos
os frutos em mim pousados.
Aos aramados não vou.
Um pouco acima do chão,
vai minha capa
 e a solidão depositada
nos tonéis do adeus,
minha faca
 na bainha,
meu cão e meu cavalo,
vou para além do que falo.

Algum lugar remoto
espera por mim,
foi o que vi no sonho de um menino
que fui onde nada mais resta.

Darei aos ventos
meus senti
 mentos
 mais pesados.
Vou, ombro a ombro, lado a lado,
com o que me salva ou me mata.
Atrás do sol existe outro sol,
o mais é o que a paixão desata,
combustível que me sustenta,

que vai vazando das manhãs,
é desses pendores que a vida me alimenta.
Àquela hora era os relógios,
parados no meio da avenida,
suprimindo o que restava da minha vida
      – tão sonhada e tão perdida –
mas ainda latindo entre o lixo da cidade
como as moscas vorazes da tarde.

E tudo isso gira, gira e vira saudade
– de um amor que nunca tive –
    que no declive
        da noite
        ressurge
        para morrer de novo
nos olhos apagados do meu povo.

Darei ao tempo
    a vertigem esquecida,
do adeus e da morte,
a minha pouca sorte,
– que bate um sino audível –
quase ao nível do mar.

Assim estou,
    seco,
        áspero
            e bom,
repleto de um pequeno amor
que se assomou à minha janela:
uma mulher que além de bela
me conforta e ilumina.

Um pouco acima da nuvem,
vai a solidão esgarçando-se
e me deixa no lado esquerdo do corpo
o meu coração já feliz,
que cama breve
o que escrevi e perdi.
Mas mesmo assim sou mais feliz.
Darei aos ventos
    tudo o que punge e reluz,
    a estrela caída ao relento
    e o sonho que meu corpo produz.

Porto Alegre, 7 de julho de 1999

TUDO VIRA VENTANIA

A Lygia Fagundes Telles

Deus é sonolento na ternura das manhãs,
sob um céu escuro, coberto de picumã.
É chuva que dói na alma o que se avizinha,
pedrenta memória que comigo há muito caminha,
e vai emudecendo os faróis da linguagem.

Tudo é luta vã quando a melancolia alinha
o que se perdeu na pedra ou no ofício de cantá-la.
Sou o que não sabia e tudo vira ventania,
varrendo os segredos longínquos da infância,
as folhas de outono no pátio da antiga casa.
Não há sono, apenas um pesar deserto.
Amores tive e amores há no alvor da tarde,
quando for jardim e luar aberto.

Antes disso, gasto o que não tenho,
no lenho feroz do vendaval.
A estrada de onde venho perdeu-se de mim,
segui por caminhos vagos, vácuos, incautos.
Minha sorte derramou-se nos aramados,
percorro os corredores do meu passado,
albergo as possibilidades últimas da esperança.
Comigo fui aos monturos do esquecimento,
e de lá não voltei, houve-se em adeus
o que mantinha o coração vivo.

Tenho andado por cidades vazias,
sob toldos de miséria e abrasivos.
Quem há de abrir-me a porta do futuro,
se os muros da solidão são mais altos e seguros?

Rejeitou a piedade alheia,
aquela que me olha e não pranteia
o que comigo dói e corrói intermitente.
O vento varre até a vergôntea da minha vida,
estou saindo do sul do mundo, estou de partida.
Não deixo rastros, memória ou herança,
sou-me o último som da lágrima,
que vai roendo sua pequena vingança.

Pelotas, tarde de 15 de junho de 2000

O SEMBLANTE DA PAMPA

A João Ubaldo Ribeiro

O semblante da pampa
é a oração mais alta
que a solidão exalta,
o que nos rodeia
é mundo que gira.
Sou peão da minha aldeia,
sou dela o que ela me defira.
Assim vou aonde me queiram,
        no mármore branco
de minha velha casa
onde a infância vaza
nos brinquedos esquecidos,
        mais ainda queridos
nos poros da memória.
Menino ainda sou
        e assim me canto.

Vou, também, aonde não me queiram,
sou cavalo sem freio ou paradeiro.
Vou aonde cintilam as galáxias,
no perfume que arde nas acácias.

Sou voz de rio e torrente de mar,
mugido de almas perdidas e chuvarada,
sou abismo de flores e madrugada.

Memória
        dos aluviões
                da noite
                        imensa,

que se retesa
        íngreme,
                torta,
                        intensa.
Memória de todas lembranças. Memória
                [da Casa de Deus.

No semblante da pampa,
clamo e choro por Deus,
para que a nuvem do adeus
não apareça no horizonte,
para que Ele me crie uma ponte
        de milhares de dias,
e me dê os sonhos nas pradarias
e a pátria para a palavra,
única esperança que me resta.

Uma mesa iluminada
se estende para o perdão.
que a amada possa
me ajudar a deitar o vinho.
e brindemos ao sol
que nunca se ponha,
e quando a noite vier inteira,
brindemos à estrela da vida inteira.

Pelotas, tarde de 13 de julho de 2000

CANTOS DE SESMARIA – III

Fica tudo vasto e esquecido
nas patas do meu cavalo,
já vi os estertores, os estalos
da morte e sua vizinhança,
mas a esperança tudo salva
          e alcança,
nas patas do meu cavalo.
Perquiro as rotas mais certas,
de um lado o mar sagrado
do outro a pampa imensa,
um verso em verde sobrado
nas patas do meu cavalo.

Onde ponho o meu andar,
caminhos largos de amar,
sob a neblina cerrada
do inverno imperioso,
na pampa que avança sempre
para cumprir sua aliança
de navegar o mar
e ir mundo afora,
até os portais da aurora,
de Paris ou Amsterdã,
louvando o sol da manhã,
temblando à noite

louvando o sonho da última estrela,
nas patas do meu cavalo
que é com quem ando
e com quem falo.

Meu cão é meu amigo,
nestas lonjuras da pampa,
fareja os vitrais da esperança,
bem junto, vai comigo,
irmão de espera e de estrada.
A amada é nossos cânticos,
vazando no lunar da vida,
quando canta o último galo,
nas patas do meu cavalo.

Apago a luz e o meu altar
ressurge do escuro,
é meu escudo na intempérie
e meu aval para o futuro.
Haverá muitos anos
de fome e tristeza
no pão vazio da nossa mesa.
Albergues de um homem sozinho,
que se junto a outros homens
vira ponte e caminho.

Esse é meu jeito
de sempre poder amá-lo
nos vórtices cria o tempo,
nas patas do meu cavalo.
Enquanto não vens,
amada dos meus amores,
eu canto mais e não calo,

à sombra das árvores solitárias,
onde dormem os pássaros abandonados,
de quem sou herdeiro e vassalo,
nas patas do meu cavalo.

O que não faço,
eu adivinho.
traçando novo caminho,
nas dobras do meu laço.
Origem é o pó
das patas do meu cavalo.
Vai longe o que falo,
a galope, sem paradeiro,
minha espada é meu guerreiro,
nas patas do meu cavalo.

Alegria geral
de tudo o que muda o mundo,
nas patas do meu cavalo.
Sou água de rio e poço profundo.
Sou mais o mar que não termina,
nas patas do meu cavalo,
semente que germina,
flor que ilumina,
nas patas do meu cavalo,
canto mais e não calo,
nas virtudes do amor perdido.

Sou rima ao invertido,
mais alto eu sempre escalo,
sou fúria do deserto,
nas patas do meu cavalo.
Amo tudo o que faço,
naquilo que na palavra traço,
amo demais, como não amá-lo,
nas patas do meu cavalo.

CANTOS DE SESMARIA – V

Sou o louco, o deserdado, o gaudério,
pouco amado mas sou o que floresce
nas túnicas imensas dos sóis de abril,
onde contam meus dias numa velha ampulheta,
brilhando, brilhando, sob um céu de anil.
Minha morada é onde o dia termina,
e desprendem-se os óleos santos,
guardados em velhos mantos,
que a vida ilumina a farol na estrada,
que quase sempre vai dar em nada.
Mas se nada sou, dou-me por contente,
e lanço à terra as últimas sementes.
Sou o bardo pobre em parco barco,
indo com seu cão e seu cavalo
para onde começa o fim do mundo.
Pois assim sou e assim me fundo.

CANTOS DE SESMARIA – VII

Tudo é estrada e vento antigo.
Estou só como sempre estive,
é assim que me pertenço,
na imensidão permaneço.
Sou limo do mar e pasto da pampa.
Em minha estampa se lê
o livro primeiro da liberdade,
e o resto é saudade
que a chuva arrasta.
Não me gasta o gosto
pela ternura das manhãs,
sou a febre alegre da tecelã,
o poema nas suas cordas de espinho.
Adivinho o raio e o abismo,
meu cavalo baio vence a procela,
longe, muito longe, dos olhos dela.
Não mudo o caminho,
venço-o com minha espada,
espalmada no clarão da noite.

CANTOS DE SESMARIA – XXVI

A passadas vou além
        dos portais da madrugada.
É noite o que quero,
        é noite o que tenho,
nos seus engenhos
        fundo minha vida,
que se alastra
        por uma estrada comprida.
Quem há de me dar caminhos?
Eu mesmo faço
        a rota dos meus passos.

Por pó,
    pedras
        e espinhos
escrevo o que não sabia
        mas viria ser
a causa dos meus dias.

Ninguém me para.
    Minhas raízes são densas,
quero o mundo como horizonte
    e a ternura que o convença.

Por mais de trinta e cinco anos
    a poesia é minha ordem,
que luneja as trilhas
       e as mil milhas
          do mar sagrado,
         lado a lado,
meu cão e meu cavalo.

Ontem são dias frios
      no patamar sul da alma.

Minha marca
     é fúria da linguagem,
     que é a linhagem
     do meu destino,
     animal do campo
e também das avenidas.
     Minha vida mói
  o que dói
no outro lado do mar.
Sou amaragem.

Sigo o rumo dos ventos,
    da pedra tiro o alimento
e a governo na sua aridez,
   na limpidez da angústia
     ou na alegria luminosa
que a manhã provê
   ou as estrelas que a noite lê.

Irei longe,
   à vastidão do mundo.

Começo celebrando
　a rua onde moro,
　　　suas árvores copadas
　　　e todas as coisas
que me são amadas.
O resto é mundo,
poço sem fundo.

CANTOS DE SESMARIA – XXXVI

Os castelos do medo
                estão repletos de segredos.
De sombras que guardam sombras
                nos abismos das horas.
E assim ficamos sozinhos
                nos descampados da alma.

Somos o espelho quebrado
                no solar do alto mar.
Nossa raiz ainda
                sustenta nossa vida,
parca vitória permitida,
                às vezes, caminho sem saída.

Mas tudo está em nossas mãos,
de onde partimos para o torrencial da aurora,
fundamos uma casa à beira do abismo,
                e alumbramos as noites,
e a noite é nosso santo manto,
                havido em prata
                no olhar da estrela.

Os segredos molham
                o sono das palavras
e o resto de silêncio
                de nossas almas.

Mas não vencemos a melancolia,
o que em nosso peito brandia,
das tristezas longas do inverno,
às vezes parecia uma visão do inferno.
Ladrilhando as intempéries,
                            avançamos.
No pavilhão dos loucos,
                          somos poucos,
mas somos um resto de eternidade,
          que mesmo sem vontade
          transpassa
          os vitrais da aurora.
É lume que em nossa vida vigora.

NUNCA MAIS SEREMOS OS MESMOS – VII

Saí da minha terra
para nunca mais voltar:
galeão azul singrando
os sete mares sagrados,
o mais amado
dos meus amores
que acorda com flores
a limpidez do dia
e põe poesia
em minhas mãos,
pobres e brancas
que se debruçam cegas
sobre a tristeza do mundo.

A miséria comove sempre,
é que me move
contra a injustiça.
Só os justos construirão
as cidades iluminadas,
e sustentam sua marca
em nossa carne desesperada.
Vamos juntos, bem juntos,
alumbrando, alumbrando
nossa eterna chegada.

INSTANTE

Este lúcido instante acelerado
detém-se por ora, sentenciado
ao pátio, à pedra secreta da memória
dos que suportam os ácidos do silêncio
mas projetam sua invisível sombra
sobre a lembrança e o segredo
e acordam a aurora mágica
da esperança a suster o medo
que sustentado no aço da espera
ergue a escura interrogação
dos mortos e o mal-estar clínico
desta vida que ainda sendo vedada
entre as paredes cinza do regime
vê-se noutro instante inaugurada

ESTADO DE ALERTA

A Ferreira Gullar

I

Por este rio Uruguai
abajo se va mi sangre
abajo se van mis penas
el dolor y las cadenas

Vai a tristeza
jeito abafado
como num forno de pão
feito uma forma
de não diminuir
a frequência cardíaca
a pontualidade
com que o sol se solta
sobre as intempéries
e interroga
a fatia de sombra
no outeiro da casa
a fatia de sonho
que ainda se leva
    no sono

Tristeza
        pedra da nossa dor
        movimento da nossa dor
nesta fotografia campesina
que sempre nos ensina
o alto de uma estrela

Tristeza do que é levado
como imundície
e no entanto é belo
    e brilha

Este rio lava
com sua respiração gasosa
as terras de Uruguaiana
    e um pouco de mim afunda
e vai com ele
concentrando-se ao trabalho das chuvas
às enchentes
    ao barulho estrábico dos peixes
ao trabalho secreto
    contra as paredes
    no fundo do rio

Deixar atrás o odor de sangue
a correnteza de vento
nos porões das casas solitárias
deixar atrás
o que a tristeza inaugura
ao rosto exilado
ao rosto desfocado
ao antirrosto
no outro lado da água

Deixar quieto
o sem estilo de uma garça morta
na paisagem torta do entardecer
Que tudo é distância
quando se vai ao sonho
às milhas de água
que escorrem de um compasso estrelar
pela trilha dos abandonados
dentro de um trem
passageiro cego
a estalar como um derrame

II

Por este rio
chegarei ao dia avesso
e líquido de outro rio
ao sobressalto de outra margem
O rio só se afoga
quando à mesa
sendo um copo-d'água
ou na ferrugem
herança de aragem
em ferros esquecidos
ou sobre mim mesmo
quando vivo esqueço
as palpitações do coração

O rio só se afoga
quando sem ar
condensado às chuvas
ao suor de luvas
burguesamente sob o frio

Por este rio
as águas não moram
nos baixios da sombra
contra árvores e barrancas
aí os insetos fabricam
insatisfações domésticas e insônia
o que neles vive
a nós irrita e amarga

Pelas margens deste rio
o homem se mistura
à mesma voz de fome
separada em nomes
se iguala ainda em sofrimento
Nos baixios da sombra
o rio perde o trilho
da sua grande alma
a alma clara da chuva

Tudo é tão longe
na distância
redonda do tempo
tudo é tão longe
quando findam-se os sonhos
não há mais grandeza

O que passa
por mim agora
nos braços e pés
são águas deste rio
nos mergulhos quando menino
são águas deste rio
tão longe

só na memória serei este rio
mas nunca quando menino
estas águas
nunca mais estas águas
mas o rio é rio
América adentro

III

O tempo
plasma na paisagem
a sua intemporalidade
o tempo corrói
como um fantasma
o tempo como um fantasma
é mais que um assassino

Rói a solidão
o solstício febril
de um sol posto
rói no escuro
como um rato
papéis roupas
o estrato de mofo
O perfume da paixão
rói nos porões da alma

O tempo vira umidade nos ossos
palavra entre a chuva e a vidraça
e desgasta o corpo
desgasta além do nome
entre os silêncios da fome
desgasta até o amor
este animal mais leve do que o ar

O tempo se estende
com ventos de longo alcance
chuvas de pedra
chuvas de dentro do rosto
geada branca na janela
geada azul dentro da noite

O tempo mansamente
como uma lágrima

IV

O tempo
esse bar noturno e sem pressa
se estende inominalmente
sob a tarde e sob os olhos
e sob a ponte que sobre
o rio Uruguai se estende
desde mil e novecentos
e quarenta e sete
com dois quilômetros de brasileños
locos de hambre

O tempo se estende
dentro do vento
a correria dos dias
alteia-se nos meses
feito a brancura
de um livro não escrito
e amarga-me o tempo
como o amor
que dói na carne fria
ou estala no pensamento
feito um segredo

V

Aqui começa o céu
indeclinável da paixão

Exila-se o amor
às aventuras de alto-mar
aos naufrágios da lua
na noite e no desespero

Viverei as penas
deste exílio
com a esperança animal
das pupilas de um cão faminto

Viverei afogadamente
o ar obtuso dos porões da morte
lugar onde
apenas o passado se move
impenetrável

Viverei as penas
deste exílio
o amor concentra-se
às camadas transitáveis
debaixo da agonia

O amor como um ai
concentra-se
leve, mais que leve, breve
como o ai que não cabe num grito
e cai subitamente aos ombros
aos bolsos dos meus próprios tombos

Mais que leve, breve
que ao cair não quebre
teu nome
e siga como sombra
teu nome
      sobre o meu medo

VI

Hoje, para me salvar
consagro um pedaço
deste canto subdesenvolvido
à eterna mulher terna
que o livro da loucura
conserva secreta
só para me matar

Mulher, ao dizer-te amada
fixo na manhã caída
o entristecimento da tarde
que já levanta o espaço noturno
onde menos que um homem
menos que um anjo
e mais que um demônio
fixo em ti principalmente
minhas ausências
e aquela borboleta suspirada
aquela cigarra morta
no meio do verão
aquela dor de susto
na Praça da Rendição
quando as namoradas
deixavam aos pulos

o meu coração
aos pulos a minha covardia
fuzilado quando minha mão
na tua ainda não cabia

Amada, te saúdo
com a saudade do quanto te perdi
do que padece nos corredores
da adolescência
do que outras mulheres
levaram e que era teu

Foste como a sombra secreta
à janela aberta da insônia
como ardência febril
dentro dos bares
e rebentavas em pulsações
dentro do sono
medo dentro do medo
e eras apenas tu
um amor que queria
acontecer
no entanto eu morri
demais para te encontrar

VII

Aqui, deixo atrás
o tempo febril da dor
o tempo sem espera
que o amor eu levo
como uma flor incendiada na boca
ou uma flor simplesmente abandonada

O amor é o ressonar
imóvel da pedra
o amor é o silêncio absolvido
de outro silêncio mais denso
que se concentra na polpa
líquida da alma de um rio
se concentra dentro
da veia de sangue
da veia mínima da mão

O amor eu levo
como se leva
uma vez a vida
aparece como a tempestade
e nos carrega desesperados

VIII

Te encontro neste quintal dos anos
a pálpebra caída palpita
as rugas o desconsolo
      palpitam
dói a angústia
minha loucura, *mea culpa*
e tantas coisas eu sou
que há muito me perdi
do bom senso
do aceno cordial de cabeças
que os burgueses convertem em gestos amigos

Te encontro e sou louco
suportando o meu sonho:
biografia sem datas ou dias
fresta ardente e sem retorno
e a vida se faz ao amor
na tua face cresce
sem disfarces o desejo
o rumor do beijo
é o alicerce de que fui
desembarcado na alma

Se faz ao amor
o que em ti supunha
a voz dilacerada da poesia
irmã do anjo da noite
pobre visitante da minha agonia

Se fazem ao amor
as tarefas da aurora
que um galo
não levanta na manhã
mas um homem junto
a outros constrói
liberdade, liberdade
se fazem ao amor
meus dias sem idade
que a data mata
e tu, liberdade
és a vida descendo
sobre a acidez e o escuro
essa luz secreta desprendida
centro maior da vida

IX

Estou de muito amar
a clarear em tudo e todos
um novo jeito de amar
que não aparta o que é geral
mas une a tudo
os pedaços entristecidos
que ficaram como faróis cegos pela noite

Não vou pelo caminho
que me anunciam pelo nome
títulos, parentescos e família
vou pelo lado torto
sem nome de lei
mordendo essas palavras
trazidas do sono
e atravesso o sonho entrecortado
na lâmina da manhã
vou abrindo estradas
ao mesmo tempo
vou neste verso inacabado

Estou de muito estar
ainda a cozinha
a quietude de cinza
do fogão a lenha
e minhas esperanças ficavam ali
misturadas ao brilho seco do carvão
ficavam ali, chiando na chaleira
e o chimarrão num quase sistema solar
era um beijo sem rosto
e a respiração batia nos ouvidos
como o ar dos afogados

Na cozinha as esperanças
eram comer feijão com arroz
e esperar que a vida levasse
ao sistema planetário feérico
no lado de fora da casa
onde um dia iria ser triste
e resistir ao silêncio
e navegar para o alto
neste barco de sons
como um pássaro eternizado

Estou de muito amar
o fósforo queimado
o cigarro pela metade
o verso dilacerando-se
outros objetos girando dentro da casa
e a casa dentro do pátio
e o pátio dentro da rua, pessoal
com galinhas e porcos vizinhando
e a rua dentro da cidade
que escora o trânsito livre
da brisa nos seus edifícios sem alma
e dentro disso tudo
o meu tédio
que o vinho leva
para depois de amanhã
e dentro disso tudo
os mortos surpreendem
a ordem dos meses
e rentes a eles vamos
indecifrados

X

Irão os mortos
em algum desvão
de água
em rebuliços de vento
ao meio-dia?
Irão os mortos
à revelia
do que vivo padece?

Irão os mortos
a alguma parte
ou plantar-se-ão
apenas em ossos
e cinzas sob a terra?

Os mortos vão
em segredos mínimos
nos objetos de uso caseiro
como garfos colheres e pratos
e de outros usos
como cigarro loção de barba
e a porção de medo infantil
que vive nos quartos escuros
ou a fuligem que habita
as gravatas o terno azul-marinho
e o colete no armário dos agasalhos
onde a morte recolhe a solidão
acesa do abandono

Os mortos vão atados
ao próprio salto mortal
ninguém morre de súbito
morte é pressentida
no momento exato
em que se deflagra
e o morto quando
entra na morte
por muito tarde
já esqueceu

XI

Oh
meus mortos
vossos sonhos
grudados à escuridão
vossos sonhos
sonando junto
ao corredor de ventos
do fim do corredor da casa

Também vossos sonhos
são na casa o quarto
o retrato na cômoda
lembrança

Meus mortos
vos conto pelo nome
e vos chamo ao dia azedo
que circunscrevo
sob esta paisagem de bile
ao medo solene
dos colarinhos engravatados

Meus mortos
vos chamo pelo nome
ao centro dolorido
deste invento
ao verso infeliz
ao subverso
ao subversivo estado
de sobreviver

Vos chamo pelo nome
vó Francisca, morta na velhice
vossos cabelos de luzes e nuvens
sobre os campos gerais do Rio Grande
e sobre minha cabeça ainda pousa
vossa mão de sono
vossa cara de seda
vossa loucura de noventa e três anos

E vossas esperanças,
meus mortos, onde estão?
grito no meio da tarde
lâmina comício revólver
armas de armar a vida
onde estão?
Vosso sono na varanda
não descansa nem é sonho
vosso sono é ferrugem
ferida nos olhos
palavra que não dorme

Tantos mortos a contar
números de ausência
se acumulam
como livros na memória
há mortos naturais
tranquilos no silêncio
há mortos assassinados
que são perguntas
dentro do dia
e a todo o tempo
elas crescem misteriosas
como um navio na bruma

Meus mortos assassinados
que os nomes não cabem
nesta página
que os nomes caem
em vertical pergunta
de sol sal soluço
de bala com bala
de armas
que só nascem de vossas mortes

Dos mortos assassinados
de vossas falas
exala o ar
de vosso susto aniquilado
de vosso lado ferido
e do antigo sonho
sobrevive vossa palavra
grudada ao que vive

de voo, esperança
de solerte vingança
que se adia nos meses
mas é simplesmente
urgência

XII

Tentarei com palavras
compor o estado de alerta
livre léxico livro
perto junto certo
de ti companheiro
de todo o escuro

Estado de alerta
canto aberto
campo aberto
corpo aberto
a arte de concentrar a vida
na polpa clara das coisas
e armo esta terra
mesmo sem amor de armar
armo esta terra
com amor de auroras

Que nela o sangue
mesmo coalhado
possa ser ciscado
por algum bicho
e subir à altura do grito

Estado de alerta
a beleza brilha
com seu olhar de fogo
e o longe nunca é distância
é medo, segredo
fogo de lenha
abrindo a manhã
o longe é uma rua
entupida de parentes
que nos levarão sempre
nos seus pertences de viagem
nós que éramos apenas menino
debaixo dos lampiões e da noite

XIII

Tentarei com palavras
suprir o que não posso
lavrar ou romper
com armas
o que não posso

Deixa a distância
virar pó na estrada
acredita que eu chego
ao pé da madrugada

O tempo só afasta
o coração quebrado
somos a mesma porção
nas nuvens altas
loucas e solitárias

Somos os pedaços
do mesmo destino
com o brilho livre
da estrela cadente

XIV

Se o meu canto é triste
a tristeza é mais tua
que suportaste o medo
a solidão e o abandono
e sob o tempo infeliz
calaste ocultando a cicatriz
e as folhas rolando
no esquecimento
é o poema caído no coração

A tristeza é tua
que silenciaste
quando a luz fugia dos olhos
na morte do companheiro
e os assassinos não
cabem nesta página
e tu sabias do inferno
da sua fúria
e resolveste dormir
quando a insônia assaltava
com um telegrama de que precisávamos
enterrar essas mortes
sob o cristal da sentença
de quem as deferiu

Ah
meu canto necessariamente é triste
os mortos ainda persistem
a nos contemplar indignados
e com esse poema só posso transcendê-los
a poesia como vingança
apenas dói no coração
mas lembrar que o poema
milagrosamente acontece
restaura ao olhar
o brilho sem manchas da esperança

A PRESENÇA DO PASSAGEIRO

O passageiro estava comigo,
quando nasci.
Naquela casa de tijolo e barro
e uma viga de lei sob o teto,
onde a infância respirou o pó do chão
e o coração aprendeu
      a alucinação dos caminhos.

O passageiro esteve
na rua Aquidaban,
à beira do rio Uruguai,
numa balsa de lenha,
      que llevó mis penas,
e numa chalana,
      perdida na enchente,
o menino que havia em mim
viajava América adentro
o seu sonho de carmim,
ardida lágrima
      da vida inteira.

O passageiro também estava,
quando o amor surgiu,
      na sesta da tarde,
enquanto a família dormia.
O amor ensinou o azul sublime
que os sentimentos,

  até hoje, iluminam,
como uma luz para salvar
O amor, que agora, em Copacabana,
  é um pássaro que abana
suas asas ao passado
  e põe suas penas no presente.
O amor olha o que pode
e não vê o que penso.
Vê o que sobra na paisagem:
O falado, não o escrito
  onde transito livre
  como uma carroça
  que vai rangendo
suas lentas e velhas,
pesadas esferas do destino.

O poeta e o passageiro
se misturam no caminho,
sem nunca voltar,
  a andar e andar,
  companheiros,
na música das distâncias,
fundam sua casa
  na pedra azul da infância.

LIVRO DO PAMPA – XVI

A função do tempo
é fundamental às temperaturas
que rolam azuis nos cristais do vento.
Ele é o senhor
e o escudo
quando a tempestade
impõe sua memória
às diferentes luzes da voz.
O tempo assalaria as esperas
e dá aos relógios
a prata impura.

O tempo avança
em nossa pele
e a recobre
com os sinais do destino.
Põe-nos marcas
que são idades,
mas também passagens
nos ambulatórios do sentimento,
antessalas da dor,
tão vizinha ao amor
que dói na pele fria
quando o abandono
se instala em suas fímbrias.

O tempo apaga o dia.
Ao final da noite
um outro dia
se inaugura na aurora.
Novo e luminoso,
a mostrar que o tempo
continua dentro do dia
guardado em segredo
no seu misterioso cristal.

O VENTO DÍSPAR

O vento díspar dos moinhos
anuncia que o tempo está morto.
Um calendário sem luzes agoniza.
A memória é um navio sem porto.
Estamos órfãos diante da eternidade,
possuídos da ternura gris da saudade.

MEU LEGADO, MINHA ALQUIMIA

Nem tua voz,
nem tua agonia
me chegam mais.
Tudo já se perdeu
no umbral da noite.

Tâmaras e maçãs
apodrecem à janela,
de onde nada virá.
Só a luzente manhã
acorda em mim
flores de um jardim,
velho como meus ossos,
mas alumbram ainda
as esperanças verdes
de meus sonhos verdes.

Quando penso assim
é porque já chorei
os anos de chuva
e frio da solidão.

Importa pouco o perdido,
já afundou o poço
seco e negro da memória.
Do passado ninguém volta,
o futuro é nossa pressa
e nossa fúria
que vai latindo
nos poros do novo dia,
meu legado, minha alquimia.

Porto Alegre, tarde de 9 de outubro de 1997

SOMOS A MULTIDÃO E SEU VIVER

Nunca os dias foram tão longos
como estes da primavera de novembro.
Cai sobre nossos ombros
                       o chumbo das horas,
as lentas sombras da tarde
já são velhas em nossa lembrança,
como as manhãs brancas
                       e solitárias
que os domingos escrevem nos calendários.

Em dias assim, a morte
reza baixinho
                       a milonga
que o campo canta
nos descampados da pampa.

Poucos dias são tristes
                       como estes.
Fundam em nossa alma
o retrato doloroso da ausência,
mas ainda há o voo do pássaro,
o rio que corre sem morrer.
Somos a multidão e seu viver.

Porto Alegre, 17 de novembro de 1997

VI DE TUDO

A Tarcísio Padilha

Numa manhã distante de abril,
à beira do grande rio
        para viver nasci.
As romãs, as laranjas, o amor infantil,
distâncias que já não lembro,
os natais quase mortos de dezembro.

O tempo esgrima na memória,
lento, quase não o vejo,
o sentimento vai e não volta,
mas minha mão trabalha e ele se solta.
Penso alto, penso tanto,
ele cristal de puro canto.

O mundo abriu suas portas,
para mim, o andar que não termina.
Deus ilumina as estradas brancas
que me levaram ao outro lado da vida,
lembranças que fogem na aragem,
amargas e longas despedidas,
rio sem porto ou margem.

Gosto de ver o mundo girar,
com suas estrelas a fulgir.
Minha tristeza não sabe amar,
apenas dói um pedaço do corpo,
coração pequeno, quase morto.

Vi de tudo,
    um pouco ficou no meu destino.
Por desertos, areia e solidão,
por la mar o azul interminável,
que me navega e me ensina
a sabedoria móvel das marés.

Vi de tudo,
        mas continuo quase mudo.
Chove sobre la mar,
tenho muito que me ensinar
e seguir a sina de caminhar.

Vi de tudo,
        mas estou quase cego.
Pego a cruz do Cristo
que caminhou sobre o mar,
meu cão e meu cavalo seguem
o luar e o meu andar.

La mar, la mar,
prima-irmã da madrugada.
É noite ou quase nada,
irei aonde nunca fui.
Lerei os livros sagrados,
farei deles meu corpo, meus amados.
Irei triste mas irei ao que não vistes.

Os dias turvos e secos
levam-me à noite pedrenta.
O breu do céu
é uma espécie de adeus.
Estamos sós.

O farol do mar nos alimenta.
Viajamos sem sair do cais,
o amor é nunca mais.
A paixão fareja, ainda,
o velho tecido de nossas almas.

Lavras, Minas, 1º de janeiro de 1999

RECUERDOS DE MINHA MÃE

Um perfume leve some no azul da tarde,
eterno lume para ausências e solidão,
este é o tom mais breve
para os abismos e os temporais.

Teu nome vai comigo
ao alto da última estrela,
teu nome me guia por milhares de dias.
Me ampara,
           me sustenta,
e afaga meu corpo frágil
                   e já esquecido,
em teu colo volta o amor que ia perdido.

Acalmas os sentidos dilacerados do adeus,
        teus braços são cais e porto
                para meus ais,
depois eu parto para o alto-mar,
onde aprendo de novo a amar.

Quando te perco, desaparecem
           os azuis eternos,
os faróis apagam sua longa luz,
em mim o coração se faz pedra,
a alma chora escondida,
nada medra, tudo é vida
que vem sozinha e perdida.

Pelotas, tarde de 20 de janeiro de 2000

CANTOS DE SESMARIA – XLII

Se não houvesse amanhã,
        tardariam as noites
     em medo e fel,
dormitariam as hélices do segredo,
e margaridas,
           flores arrancadas da vida,
nasceriam mortas,
         no esplendor da madrugada.

Se não houvesse amanhã,
         o tule da tristeza
            nos cobriria,
ninguém mais nos chamaria
            pelo nome,
a palavra que no vento
              some
realmente sumiria.

O tempo perderia o sentido
      e seria apenas uma folha
          de papel em branco.

Noite após noite,
      o trevor não passa,
estamos entregues
        aos confins do mundo.

O mundo gris
          afeta a pupila da minha alma,
e nada ilumina
          acima do chão.
Moem lentamente
          os rastros da solidão,
e outros rastros
          da minha vida doem,
entre esperanças pequenas,
          como essas sombras
          verdes dos parrerais.

Contam-se os dias
          como nunca se contara,
a pedra avara da memória
e o testamento que temos,
em vão tecemos
          os pardais da aurora.

NUNCA MAIS SEREMOS OS MESMOS – IV

Os dias da infância
      duram para sempre,
      são túneis
      e tonéis
      de mel
      e iluminância
que brilham na lembrança,
e vazamos na noite fria.
como o poema
          – nossa alquimia –
que vai alumbrando
        os dias que virão.
E nunca mais seremos os mesmos.
Somos o que temos
        de melancolia
        e solitude.
A rebeldia é nossa atitude,
como um farol de alto-mar,
que nos faz navegar,
além de tudo o que nos pune.
O amor nos une,
e nada nos separa,
vamos sempre onde Deus nos ampara.

NUNCA MAIS SEREMOS OS MESMOS – LXXX

Nunca mais olhe para trás,
o passado é perdido para sempre.
Alheio, o vento é vento, e varre
nossas lembranças mais antigas.
Assim é a vida e se morre
num ai noturno de um dia.
quando a melancolia fustiga,
a limpidez de nossa alma.
Minha fortaleza é a esperança
que avança os cavalos ao futuro,
fora dos muros da cidade.
Às vezes, tudo é fúria e coragem,
e alteramos a longa viagem
antes que chegue a brisa da saudade.

ELEGIA DO PEQUENO ABANDONO

Digo baixo teu nome
ao cristal tristíssimo da tarde
harmonizo as coisas do cotidiano
como quem trabalha
às portas do coração
o abandono infiltra
de insônia a película do sono
e o amor dilui-se
junto ao retrato
o amor amortecido
sobre quem ama

Os dias se esfarelando
no pátio, na casa, no coração
como um tempo comido de mofo
os meses são no ar
os pássaros
os passos de uma estrada
o olhar enfermo
que como o tédio
vai ao avental do chão
ao motor secreto da paixão
que de tão silêncio
é uma ferida doendo
onde fica suspensa
a palavra de amor

Os dias se esfarelando
no teu corpo
e arde na minha carne
a manhã sem teto desse amor
o tempo transpassa-me
como uma sombra de sol
deixando o sentimento
das coisas fugidias
a hora não é certa
mas por certo amarga

Às frias sombras do inverno
arde teu nome
ao centro do que invento
arde teu nome
sob a tarde de nuvens

Quanta coisa arde
dentro da noite
que não são estrelas
quantas palavras
esfarelando-se
quanta coisa viaja
em mar alto
distante
que a vida não sabe contar
e no horizonte a paisagem
do que sabemos
a grafia imóvel
e sem alma os edifícios

Soltarei luzes
nas palavras do amor
que nelas tudo se esqueça
e que o verso apenas
translade o necessário
calor de suportá-las
mas quanto de mim faleceu
junto às amadas
nos movimentos secretos do amor

O que queria perto
é um beijo, um sol declinado
as nuvens abafadas do entardecer
é um céu, é um céu
de chuvas sobre a mesa
branca de nossa fome

O que queria perto
vive nos que transportam
a liberdade presa ao fio
invisível da coragem
e resistem
e voam na alquimia
da solidão
na poesia de cinza do abandono

O que queria amado
se distancia na noite
pelo drama urbano de nossa dor
que desce da artéria aorta
da porta do coração
ao porto de nossa morte

Se pudesse esquecer
no brilho veloz do amanhecer
todas as paixões
inclusive os nomes de mulher
para que o amor estabeleça
sua nova geografia
e se solte o cão da poesia
e a loucura acenda
a fatalidade cotidiana do desespero

Digo baixo teu nome
sem adoçá-lo
com os luxos da esperança
apenas as esporas do passado
apenas como quem se despede
e procura renascer do esquecimento

NA SEDA DO CORAÇÃO

Ouve minha voz
e guarda-a na tua voz
na seda do coração
em tua língua luminosa
guarda-a para repartires
entre os convivas da noite
no misterioso líquido da noite
e chegares à aurora
pulsando nas fibras
e ouvir na sua luz
o amor que secretamente
te escrevi no vento

TEU NOME

      Teu nome
escorrendo na alma
depois de percorrido o longo caminho da paixão
teu nome
      depois de morto na carne
de ser ave clara
      pele de pêssego
      de perseguir as nuvens ligeiras
na escuridão da ausência

Talvez teu nome
nunca eu o diga
      numa canção
de amarrar a vida às palavras
atando-o
      com os adjetivos azuis

Talvez
      nunca seja o símbolo maduro
      do poema escrito
nos livros
      Mas será o segredo
      o motor do meu corpo
      a luz fugidia da estrela cadente
Será o nome que escreve
      por mim
      os outros nomes
que venham a enfrentar
a claridade do dia

NO BRILHO SECO DA NOITE

Vaga a vulva do teu corpo
na paisagem quente de quem ama
escrevendo a geografia da cama
com quem se salva
no drama silencioso da pele

Contrai em ti as distâncias
e seu destino
integrando em ti a paciência
de quem ama
e te espera   te incendeia
         te alucina
         para renascer em ti
na contração estreita do teu sexo
como um animal ferido
um animal sem palavras
que apenas vibra na luz de tua carne

Depois o teu silêncio
é uma estrela deserdada
sob o lábio do amor
incendiando-se no brilho seco da noite

LIS

Trarei à tua presença
os poemas descalços
aquelas frases interrompidas
a linguagem fora de hora
    as luzes menos altas
os vocábulos vermelhos do medo
para que recriem
    a lucidez da aurora
e fiquem brilhando no teu olhar
    e me dês o amparo azul
nas distâncias
    que é um porto
uma pátria   um coração

AMOR DE AMAR

Dispo-me dos pudores da forma
coloco meu ouvido no teu peito
e deixo-me levar
na emoção de quem procura
teu rosto na sombra
e te purifica   te revela
te orvalhece   te incendeia
e comparece em ti
      com estas palavras
      trazidas da alma

Se chegarei à poesia
      não o sei
apenas escrevo estas linhas na água
para brilhar no céu
      um dia
recolhidas pelas nuvens
ou espremidas ao longo véu das chuvas

Agora desliza minha mão
a auscultar a memória da tua pele
a viver nela o tempo impensado
dos navios perdidos
viver na tua pele
todos os naufrágios
e renascer na palma
do amanhecer

Agora a vida é renascer
    sempre em ti

Um pensamento fugidio
às frestas da aurora
é teu nome em meu coração
a romper o silêncio
um risco de luz
transfigurado em tua face
    é meu guia
e seguirei
    cuidadoso
como um cão
e seguirei teu cheiro
pela noite imensa da paixão

Seguirei
    até que te convertas
na própria tinta das palavras
e venhas a escrever
desde esta janela de espanto
que é o mundo
    luz redonda de infinito

Seguirei comigo
    ainda que estejas longe
e te desfaleças
    noutra solidão
noutro minuto de esperança
e te consideres ausente
como são ausentes as distâncias
mas te chamarei baixinho
para te estelar
nas proximidades mais íntimas do amor

Para te estelar
na longitude dos espaços
    das geografias
que o amor tem outro calendário
outro itinerário
E és tu, namorada,
que me dás a música dos versos
seu rebentar na carne

NOITE

Move-se dentro da paixão
um animal noturno e azul.
Move-se a sombra
do que se sonha, cobra
no pó cego dos caminhos.
Move-se a luz
do amor urgente,
presença antiga,
noite nos ombros.
Aqui dividem-se os dias,
os íntimos minutos,
o que arvora fora do corpo,
o que no fundo é amor,
com seu pulsar febril,
amor que trabalha as vozes,
que brilha nos olhares,
estrelas deserdadas e nuas,
que quando amares serão tuas.

INFORMAÇÃO AOS DEUSES

Informem aos deuses
que estou só e triste.
E amo o mais que perfeito dos adeuses.

Informem que tenho medo
e à noite choro
e mordo a nua pele dos segredos,
e à lua imploro
a sua face dourada
que me roubou minha amada.

Sou cego pelo caminho.
Padeço a doce insônia do desejo.
Minha grande dor é o beijo
que tirei de tua boca.
A avareza louca
galga o coração amante
e me faz cada vez mais distante,
na doce voz de teu sexo quente.

Informem que estou doente,
que busco o impossível,
como um cão que esqueceu sua casa.
De joelhos, na terra, é visível
a amargura de quem perdeu as asas.
E, assim mesmo, voa para o abismo.

Giramos todos perdidos
no semblante dos caminhos.
O vento do adeus é ardido
e não sopra as velas do destino.
As flores se apagam na memória.
Se amor não há,
os jardins padecem a saudade.

Vamos penando ao triste véu da beleza
que se gravou no mundo
com o nome dela
e vive a acendê-la,
como a única estrela
que palpita sempre à noite.
Sozinhos vagamos,
reascendendo na alma
as lamentações da ausência.

E meu canto é reza
nos baixios da sombra
com o cristal da lágrima
que sempre nos pesa
como fardo ao ombro.
No próprio escombro
de nossa dor,
morre-se de amor
nas grandes horas,
que velam por nós,
aos umbrais da aurora.

Como não vens à claridade
que o dia anuncia,
resta-me a graça triste
que no verso resiste.
Fica batendo no coração,
o ouro e a luz da canção.

E assim peço a misericórdia dos deuses
que para mim renasça, de repente,
a flor azul e encantada,
que traga em si a mulher amada.

NA TERNURA ORVALHADA

Na ternura orvalhada das maçãs,
despertam em luz todas as manhãs.
A vida rebenta onde pomos os pés,
sobre as folhas secas de outono,
onde dormem os olhos da infância,
que o relógio do tempo bate seu sino
no coração amado há cinquenta e um anos,
e transforma o fulvo do dia
no mistério estelar da noite.

Na ternura vai o destino,
destilando as águas de rio,
o mar
    – nasceu longe e esquecido de nós –
    é a eternidade dos navios.

Vamos,
    desequilibrando,
      no que temos,
mas Deus fez para nós
    novo milagre de vinho e de peixes:
a paixão iluminada,
    onde vem linda – e para sempre –
      a mulher amada.

Antes e depois Deus,
   cintilam as flores de um antigo jardim.
O amor que será fulgor
     depois de mim,
   quando a cinza da aurora
   levar as pétalas de nosso corpo,
   como uma estrela
     que dorme no mesmo porto,
     onde sonhamos e morremos
     retrato do que foi visto
     e do que temos.

Porto Alegre, tarde de 10 de fevereiro de 1997

APENAS PONTE

Que posso te dizer aqui desta cadeira
onde amamos o impossível,
nestes limites da vida,
sensível maçã diante da eternidade?

Ouço tua voz entre lírios e pássaros,
mas ela não traduz
                sequer uma esperança.
É voz de há anos
                silvando à minha janela
o que o amor não vê
                apenas azula-se no horizonte
sem ser verdade,
        apenas ponte
daquilo que sonhamos.

Longe do mar
                o amor é verbo transitivo,
os remos vazam na água de algum rio,
distante do que queremos.
As coisas se parecem mortas,
pois já estavam mortas em nosso
                        coração,
velho companheiro,
                nesta pampa sem fronteira.

Amor,
           já se lhe vê o rosnar amargo.
O tempo é largo para a despedida
e é breve ao que é idílico,
           ao que abraça e fica.

Releio um livro antigo,
sua alvura e nossa loucura.
Saio à chuva, e ela, pura água de céu,
           me santifica.

Porto Alegre, início da tarde de 14 de outubro de 1997

A VIDA VIBRA

A vida vibra
no lado oculto do mar,
e a seguimos por navios
deserdados do cais.
A música tecida nos umbrais
onde a vida espia seu mais alto voo.

Sete horas úmidas batem
no sino do adeus.
O que era meu e talvez teu
fazem-se em minutos perdidos,
que trinam quase esquecidos,
quando o pó dos meses avança
sobre nosso corpo, nosso suplício.

Nenhum dia será o último,
nem o primeiro,
   voamos
entre maçãs e pássaros,
longe demais dos calendários.
A agulha vã do tempo
vai girando a voz
sem bússola do infinito.
A vida vê-se no vazio,
como uma pergunta sem resposta
é o oco arfar dos que esperam.

Não responda aos que amam
ou aos que pedem amor.
Amor é apenas um verso
sem resposta
que se deixa morrer
na escuridão da estrela.

Depois chegará o momento
que nem serás lembrada,
como tantas outras
que se julgavam amadas.
Apenas o vento varre as distâncias.
Estou a caminho de um novo amor
que vem luzindo no começo da estrada.
A vida sempre surpreende,
quando parece morta
é que ela vem renascida.

Porto Alegre, final da noite de 31 de janeiro de 1998

OS AZUIS POSSÍVEIS PLANAM NO AR

A Preta e Claudinho Pereira

O alto monte, a copa das árvores
é pouso do pássaro que pensa a nuvem
ou o olhar eterno da última estrela.
Na cidade, entre edifícios indecifráveis,
habito o esconderijo dos deuses,
em ruas sem nomes e feitas de adeuses.
Me resta o ofício de cantar alto,
filho do vento e do grande rio,
minha fala sangra à página branca.
Como dói ser sozinho e escrever
a dor que pulsando não estanca.
O delírio do pó,
           pobre companheiro
           da escuridão,
nas paredes,
      no chão
      úmido das lágrimas santas.
São tantas as memórias
que só vale a lembrança
dos beijos,   dos abraços
de teu corpo feito de cheiros do campo,
da brisa silvestre e ligeira
que só da pampa aparece,
ave sem rumo e passageira.

Anoitece em minha alma,
a lua boa desce sobre meus olhos,
acostumados ao silêncio triste
que havia antes da liberdade.
Não tenho fronteira,
mas não vou a um novo lugar.
Meu coração é saudade de prata
que ama o que se derrama
do esquecimento
     e se desata
     sobre meus ombros,
escombro de mim
     e de meus sonhos,
mesmo assim vão ao alto céu.
Perpassam o véu denso da chuva
e ficam ao léu, longe de casa.

Tudo te dei na voracidade da noite,
pouco fica planando no desenho seco do ar,
no horizonte onde morre o olhar,
Mais te darei quando cruzares o labirinto.
Sabes que choro, sabes que não minto.
Veloz, a vida não tem nome,
nos consome dia a dia frente ao mar.
E pouco a pouco, fico quieto,
meu pensar é puro deserto.
Mas longe ouço um longo cantar.
Morro e renasço, sem me matar.
Os azuis possíveis planam no ar.

Pelotas, final da tarde de 4 de junho de 1999

MESMO ASSIM ANDAMOS

Plúmbeo e avaro
o amor é amargo.
Mesmo assim andamos,
voamos para o centro do furacão,
e amamos no turvor da vida.

Café e cigarro aceso
quando a tarde rói
a rosa púrpura de nossos dias.

Noite sobre nossos ombros,
e tão somente noite,
estrada não há,
como não há lua.
A rua onde moro
é tombada na solidão.
À sombra de alguma árvore
dorme o pássaro da juventude.
Envelhecemos na aridez do sonho,
    pobre e aflito
        amigo
que se derrama dentro de nosso corpo.
Navio em alto-mar e sem porto.
Tangerina que ilumina
o que nos roubaram
no abandono que nos dá o mundo.

Flores anônimas
        sobre a velha mesa,
retinas de vento e tristeza.

Nós somos tantos mas estamos sós,
nosso destino é estrada e pó,
que vai agonizando nos túneis do medo,
perfumes e rendas de nossa infância,
onde a memória avança,
somos uma criança
que se perdeu de casa.
Nos resta amar
as coisas frágeis e inúteis
que a vida deixa fora de hora.

Pelotas, tarde de 16 de outubro de 2000

PORTO ALEGRE ROTEIRO DA PAIXÃO

I

Porto Alegre Porto Alegre
    alegria
pra nós que precisamos
nós que somos mais tristes
    que alegres
e vivemos esse tempo
    essa morte
esse pássaro de febre

II

A paixão mora
dentro do coração
    alucinado

Vamos, cidade, vamos
mais rápida
que a sombra do ar
vamos num pé de vento
mais secreto que o pensamento

Vamos, cidade, vamos
à aurora de todas as idades
como se não existisse o tempo
dormindo no fundo das coisas

Vamos, cidade, vamos
me leva em teus barcos de rio
às correntes de além-mar
onde eu possa morrer de amar

Vamos, cidade, vamos
a paixão é fome
nas nuvens da alma
a paixão rouba do amor
o seu silêncio
mas dá ao amor
o seu sustento

Vamos encontrar
a luz enlouquecida dos cometas
vamos às palavras
na febre azul dos planetas

III

Vou dentro da noite
que o poema nunca
soube penetrar
ele flagelou-se
ao fantasma das palavras
ele é sempre
a sombra do que se queria
ele não me deu o amor
mas sim o amar

Vou pela cidade
alucinadamente alegre
pensando e escrevendo
nos ombros da poesia

a que luta
ao custo mais grave
às portas da tristeza
para cristalizar
num instante
      a beleza

IV

Pela janela da manhã
espio o sofrimento
indecifrado das pessoas
sua sombra de agonia
as ruínas do coração
que se escondem
na pressa feérica
com que se cruzam
a pressa com que se confundem
à paisagem cinza da grande cidade

Pela mais alta janela
espalho o suspiro da paixão
estabeleço as geografias
possíveis do amor
tenho de me nutrir
do cansaço do desamparo
      da despedida
como a uma estrela no sonho
como a uma luz no céu
e a palavra
na sua pluma de segredo
me translada ao território
dos sentimentos inaugurados

Tenho de me nutrir
das minhas próprias feridas
e nas asas de sua dor
equilibrar o voo
de largo alcance
inseguro e triste
o voo necessário
como uma janela para o céu
e mesmo com essa noite
dentro da alma
eu te venero
único voo
única esperança
vida vida
na pétala gris do sonho
na pérola de sangue do amor
no pálio de luz da aurora

V

Pela mais alta janela
deixo-me ir
por esta cidade
aquém do todo o cuidado
abandonando-me
em seus labirintos de cimento
e pequenos verdes
De alguma flor
menos triste
retiro os sinais
para me salvar
pelo que amo
que o amor sempre

me trouxe separação
mas tudo o que sei
nasceu dele
e por ele é que sobrevivo
tangendo no que amo
roubando os gestos
inacabados da paixão
roubando a coragem
dos sentimentos
para me ficar em lágrimas
diante da tua ausência

Que enorme clarão de sangue
tenho de suportar
dentro da noite da paixão
que vinho mais amargo
me é dado de beber
dentro da noite da paixão
que poesia mais lúcida
poderia transpor
esse roteiro incendiado em minha cabeça
esse rebanho de estrelas cadentes
levado pelo movimento sem-fim do universo
mas aqui dentro do peito
reúno as sílabas mais próximas do coração
e aprendo a soletrar suas palavras secretas

VI

Nesta cidade vive outra cidade
que antes vivera em mim
como único horizonte
e ainda posso me ver
na sua grande melancolia
minha paciência infantil

Ver o que refletia
nos utensílios
o movimento do açúcar
do feijão, cachaça
iluminava
os dissabores do dia

Ver que o sonho
se umedece
na correnteza sem ar
da lata de sal
o sonho rarefaz-se na soleira da porta
e viajamos perdidos
pelo mundo
nossa esperança de luz

Viajo e vejo
este sol ocidental em meio ao charque
à paciência engomada de esperança
em meio às moscas tontas
do início da tarde

Viajo no dia
lento e pesado
de mel, melado
dobrando a infelicidade
às fibras íntimas do poema
que respira por mim
entre cheiros domésticos
e o caminho de poeira
escrito pelos ventos

Até hoje o coração
      opaco
na alma fugidia
onde viaja a ardência
dos barulhos da paixão
fera misteriosa
que assalta no cotidiano
infeliz da Alameda O'Higgins
ou na Rua da Praia
onde a necessidade de alegria
espanta o desamor

VII

Paixão, cavalo de ventania
cavalo de cancha reta
cavalo sem freio ou parelha
cavalo cavalo cavalo

     Paixão
se a cidade não se amplia
nas alamedas da vida
é porque há sono demais
nos ritmos da poesia
há sono em demasia
em minha amada Maria

E o coração da tarde
não enternece o dia
somente equilibra
nossa densa agonia

Há sono demais
no Palácio Piratini
nas repartições públicas
no Judiciário
a cidade dorme pesado
e estão parados meus olhos
de anjo assassinado

     Paixão
vem na palma do verão
acordar os sinais dormidos do amor
e traduzi-los em faróis de alto-mar
para que eu possa sempre navegar

Sem o destino medido
com o sentido da aurora
movimento de fogo vivo
à beira de qualquer hora

Sem o destino medido
a decretar o instinto
mas a vestir a cicatriz
como se veste o domingo
e dominar o horizonte
com a resina do sonho
a construir a mim mesmo
para conhecer-me
depois perder-me
e vazar na alma da cidade
no seu corpo
      que me engana
que é fútil e esgarçam-se
em ruas, edifícios, etc.
Vazar no violino
de suas árvores
      ardendo ao vento

Sem o destino medido
      pela paixão
a paixão onde houver vida
pecar pela paixão
que o coração morra
      sob sua luz
que o peso do pecado é abstrato

VIII

Porto Alegre Porto Alegre
nas madrugadas tuas putas
de carne e solidão
escrevem o poema
mais do que secreto

aquele que se lê
sob o céu aberto
dos quartos de aluguel

A melancolia não escorre
é uma gota de sal
abrindo algum dia
o pensamento
e a cal das horas
      não cai
mancha o sono
com o feltro do abandono

Pelas putas
canto sem comparações
      o amor
que estará sempre mais além
feito o brilho eternizado
      do amanhecer
e a brasa acesa do cigarro
roendo sobre a mesa
o fundo líquido da alma

Na Voluntários da Pátria
nas transversais isoladas
nalgum ponto da João Pessoa
ou da Getúlio Vargas
as putas exercitam
o fogo do homem
iluminando os ácidos do mijo
da porra, da gota serena

iluminando a doença do desamparo
e por instantes
o prazer absolve do silêncio
a tristeza
para navegar sem horizontes
o desejo
animal solto na cama

Nalgum ponto da cidade
alguém ama uma puta
e salva-se um pouco do amor
a face oculta do corpo
renasce nessa chama
e somos o leme da esperança
sobre o espaço sem cor

IX

Porto Alegre Porto Alegre
alegria em nós que precisamos
desço a avenida Borges de Medeiros
com os sintomas da solidão
a sorte da vida num veículo
de poucos haveres
com vínculos suspensos pela morte

Tentando romper
o torpor da tarde
    viajo
às constelações da ausência
    as lâmpadas do amor
sob o pânico e a dor
    não refletem

a não ser o rosto desfocado
a incandescente tristeza que lhe desenha

Observo os ônibus e os carros
        que passam
carregados de sonho e tristeza
que se movem ocultos
nesses rostos sem-nome
mas entre eles
        viaja
o rosto da mulher que amo
e que nunca tive
        viaja
a uma distância evidente
que o coração
        não soube diminuir

Quanta vida
        se queria no poema
e ele é tão pobre e carente
que em si mesmo se descobre
um animal aprisionado das palavras
        um gato, um cão
que nós amamos
mas o amor
resulta inútil
é um gesto íntimo demais

X

Subo a Salgado Filho
sem acender nenhum alarme
na carne
apenas os olhos conspiram

sem nada definir
sem incendiar
nenhum pedaço de mim
com os mesmos sapatos de borracha
a calça de brim
      a camisa
colados ao corpo
      sem esperança

Quando chegar
a algum lugar
talvez seja tarde demais
e encontre apenas
o perfume da tua presença
o pó dos teus altos sapatos
e a felicidade
será ler o teu nome
no segredo do bar
e definir o destino
como o caminho da ausência
      e te amar
mesmo que nunca te descubra

XI

Só a solidão contém
tua ausência
o breve contorno do sonho
guardado ao purgatório
que é uma estrela deserdada
no fundo dos territórios
      da alma

Só a solidão
traz a notícia
do cão da morte
de sua paisagem irreversível
como os relógios quebrados
nas madrugadas
No meu pulso
a paixão a sangrar
despedida que levarei como martírio

Só a solidão me dá
    a sombra
as armas do silêncio
onde reinventamos
as quietudes do pensamento
Só a solidão comém
o ácido e a febre
    do abandono

XII

Ouço do fundo do coração
as lições da vida
magia mapa
    estrela-guia
e com elas me perco
solto nas correrias dos seus ventos
    meu destino
morrerei nessa prisão deliberada

    Morrerei
no ciclo da paixão
e pronuncio teu nome

sobre todos os outros nomes
ventura maior é viver-te
ainda que de maneira cega
como um animal doente na noite
ou enlouquecerei
diante dos homens sérios
dos burocratas
que caminham de costas às harmonias
da paixão
à sua canção de fogo
que não conhece paradeiro

XIII

Porto Alegre Porto Alegre
alegria pra nós que precisamos
tenho saudade em demasia
das coisas que nunca tive

Rio Guaíba
a grande alma da cidade
retrato do sol
caindo na noite
arco de sangue no horizonte
nos abraça
como se fosse
o único barco
que se esgalha
na linha da água

Mas este rio
é maduro demais
nele pulsam alguns peixes

o mais é lodo
rolando sobre
os raros seixos
do seu fundo
o mais é lodo
vagarosa morte

O que este rio
tem de madurez
é estar velho
com as águas densas
onde não se lavam
sequer as roupas
e o corpo jamais
o visita
apenas a vista o vê
num laminar fotográfico

É estar este rio
subitamente velho
e a vida alta
sobre a cidade
pede
que o salvem
do pior
que por piedade
deixem-no correr
sem incendiar-se
de iodo, óleo, fezes
     ou tristeza
deixem-no andar
ao contorno da beleza
da pintura fria
que se lhe pode fazer

Deixem-no correr
com sua morte às costas
assim como a vida
que carrega empantanada
vai sumindo num morrer

Deixem-no correr
com a esperança de salvar-se
a mesma que temos
ao olhá-lo tão belo
tão distante
deixem-no correr
com o sol em brasas
      sob a tarde

        XIV

Nos edifícios
      o vazio
a água rolando
misteriosa da caixa-d'água
com seus vermes de cloro
mecânica
sem aquele fluir infantil
da água de um rio
      real
mas sem nunca
dar o retrato que temos
quando corre pelo chão

Nos edifícios
o vazio da alma
o cheiro de abandono
nas distâncias isoladas
do apartamento
e a dor de amar
é uma palavra
eternamente entre parênteses

Os edifícios são a cidade
     o país
sua raiz é rasa
e a vida vai mal
a vida passa mal
nestes limites de sombra
onde não cresce
o perfume de uma rosa

Nos edifícios
como em toda a cidade
a claridade é pouca
e minha alma, louca

XV

Qualquer hora é hora
sob o mais gris das horas
de tentar mudar
as fases do tempo
alternando seus relógios
     de hidrogênio
ao movimento secreto
da carne das coisas

Que o amor translada
à maior altura
no seu corpo
de pura nuvem
na sua alma
de puro voo
que o amor translada sempre
internando-se ao último
sossego do corpo

Qualquer hora é hora
de morrer de amar
flor sem pétalas
fruta dormida
no Mercado Público
com sua porção de sonho
exposta à visitação

Difuso é o clarão das horas
se elas tecem
o mesmo rumor do abandono
mas é seguro
que ele se alarga
no Parque da Redenção
ou quase aniquila-se
na rua Uruguai
entre a sombra
ruidosa dos edifícios
e a lágrima de sol
que porventura escorra

Toda hora é hora
de morrer de amor
entre a respiração difícil
das flores arrancadas
padeço a ausência
da mulher amada
que se aparece
na madrugada
é cinza e esquecimento
no meio da tarde

Mas toda a vida
vale o amor
que respiro por ti
cidade paixão
movimentos indecifráveis
do coração
vale amor
incorporando-se ao plano
de uma luz noturna
ao palmo mais claro do caminho

XVI

O bar é na cidade
o esconderijo
apoia-se nele
nosso ser secreto

A lúcida esperança
molda nosso rosto
entre o álcool e a fumaça
para renascer

os retratos mortos
o pensamento morto
o amor perdido
tudo o que tivemos
e esgarçou-se
num suicídio silencioso

A paixão tem no bar
o seu vórtice
desenha a carvão
na palma esquerda da mão
o destino, a alma
entre as distâncias noturnas
de suas mesas
pelo reverso da dor
que se inscreve
no vidro dos copos

No bar nos escondemos
da velocidade das coisas
do que voa sem nome dentro da noite
à procura dos vocábulos da aurora
e esparrama-se na mesa
neste conflito amargo
de luz e tristeza
mas se o medimos
aos ângulos do meio-dia
é nossa infância perdida

No bar nos escondemos
para não perdermos a paixão
o milagre de atacar a dor
com a fúria vegetal do amor
de atacar a dor
com os pesadelos do próprio sofrimento

Roer a dor no bar
é quase morrer de amor

A vida traz a luz
sem a penúria de perder o azul
na avidez do corpo

O rosto do amor
sobe pela angústia
pelos nomes
que morrem aqui
neste universo
de sonho e fumaça

As linhas do amor
sobem além da própria alma
onde desembarcamos a esperança
as travessias dolorosas
onde desembarcamos sem portos
nossos frutos nossos filhos
      nossos mortos
o verso antes da aurora

XVII

Canta paisagem noturna
    cidade azul
de minha dor necessária
pétala sem cor e vária
relógio
    ao pulso do coração
címbalo
    da carne azul da noite

Canta paisagem de bares,
o Doce Vida é um clarão de árvores
na Rua da República,
minha alma pobre
com os objetos do abandono
    fumaça desencarrilhada
contornos de vidro, cerveja, vinho
e a ressaca violeta da ausência

Claudinho Pereira, Maneco Canaberro, Nilda Maciel
que distância tão fria
isola a espessa alegria
a memória boêmia de nosso sonho?

Com Demósthenes, el viejo,
Geraldo Flach, Jesus Iglesias...
convivemos à oficina da noite
no breu que rola morno
nos músculos do adeus
Kenny, Ucha, Julián Murguía...
os amigos esperam

ao pé de uma parede
onde a solidão
é um depósito de ventos

Que água turva
    escorre
e escreve o trilho
de minha mão sem laranjas
ou águas de rio
    de mim
que sempre procurou
o voo das nuvens
o cristal frágil do vento
não este feito de ais
mas o que lemos no pensamento
feito de esperança

Canta paisagem de bares
Batelão, Big Som, Chão de Estrelas
Vinha D'Alho
    Os tombos desiguais da morte
a sobreviver-nos
pela longínqua acidez da noite

Noite
    pátria de lembrar
    pátria de pedra
que limita o coração
ao texto
iluminando o hábito livre das palavras

XVIII

Não desaparece na noite
o que ferve em luz no poema
que é um sopro, uma ponte, um potro
o verbo intransitivo de nossas veias
o que a memória escreve
ao sul do coração
a força natural de amar
o secreto dormir das frutas
dentro da vida
à porcelana branca
de nossa fome

Não desaparece na noite
o que vibra em fogo no poema

XIX

Canta paisagem de bares
que minha amada
suicida-se no cristal barato
desta mesa
neste avesso retrato do que se ama
o amor é a luz
que nos trouxe da infância
      caminho
e sempre nos perdemos
      nervos ao vento
Bar
esconderijo da cidade
aonde noturnamente me dirijo
com meus pecados expostos
na tristeza desfocada do rosto

O bar é o coração de um homem
visto na lente da dor
na lágrima sob luzes
e pulsam esperanças
de uma criança que se perdeu
      na noite
e precisa renascer
na estrela alucinada do amanhecer

Bar
esconderijo da cidade
um pedaço vivo, verdadeiro
quem procura sabe
o que chamou felicidade

XX

Vou à vida
sem compreendê-la
fixo firme a ideia
de não sabê-la
mas de caminhar
todos os vocábulos
que tecem seu movimento
      de bares
ruas e solidão
para confundir-me à carne
dos que ainda desamparados
são matéria viva
soprando os caminhos

Toda a vida
cabe num bar
como se fosse
o lar de onde
nos perdemos
a estação em que Deus
tem realmente piedade de nós
e nos enche de pecado e salvação

XXI

    Cidade
como tramitar sem me perder
entre as paredes dos anos
e a agulha de cristal do canto?
Como conter
o cesto de pão do amor
onde equilibramos
os ventos da paixão?
Amor é porto de arribação
a nos naufragar dentro da noite
a nos deixar sem o mapa das estrelas
a vagar pelo planeta
injustiçado
de quem o sol desprendeu-se
e nos fica esse risco infinito de luz

    Cidade
que doce equilíbrio possuis
ao sul do dia
quando a vida ama
que a vida só transcende
quando amor

feltro no coração
ventos na alma
vida
      espécie de tudo o que não sabemos

      Cidade
deixa eu riscar
teu nome no plano
      de minha mão
feito segredo
renovado poema
riscar o tema da paixão
com o ânimo das palavras
e fabricar o pânico
para desenterrar no horizome
      as cicatrizes

      Cidade
deixa eu deitar
minhas raízes de sangue
o ordenado vadio
o coração exumado
o medo que ilumina

Deixa eu deitar
a paciência do amor
o hábito de ser
pedra pampa coração
a ânsia de capturar
o pensamento azul

A cidade vive equilibrando
a flor do que pensamos
para girar a nudez
da solidão dos edifícios
a nudez quieta e sem aparências
que repousa no desamparo
no meu no teu no nosso
coração que mora ao lado
e no entanto envelhece de tristeza
sem o aceno animal de nossa alma

A cidade escreve por mim
a grave geografia humana
que sobrevive secretameme
saberia menos de mim
se não olhasse
a cor da emoção
o lábio do amor
o fio de mar dos navios
abandonando o cais
que escreve por mim
     saudade

A cidade escreve por mim
este poema que lês
tempos depois
sem o saber que a luz
do corpo apenas o iluminou
apenas a mão o traduziu
numa caligrafia urbana
no opaco relâmpago
de chuva prematura
que frequenta a primavera de outubro

A cidade que escreve por mim
é mais que paisagem
ou fotografia ou retrato
revela-se à veia de cristal
que a paixão anuncia
com seus faróis de fogo

Este poema que lês
já não é o mesmo que escrevi
tua alma traduz a luzir
no teu coração
conforme o pulso da tua hora
Sinceramente este poema
é mais teu que o lês
o leitor de poesia
é sua própria alma
sem ele a vida
é quase nada
e as palavras teriam
apenas o cheiro de solidão
de sua criação

XXII

No azul da cidade
afunda a alma
o astigmatismo da distância
a fome que traduziu-se
a zunir nas palavras
a fome de amar
o desolado, a pampa
encarnação dos temperos
da infância: manjerona
salsa e alecrim
purezas deixadas no jardim

No azul da cidade
o sol escreve
o poema por mim
me resta o ofício
de traduzi-lo ao fogo da paixão
a este terreno de esperanças
poesia poesia
irmã gêmea da vida
      ave em voo
ferida na tarde

XXIII

Vamos abrir o tempo
com sua chuva de mistérios
a groselha dos meses
dança à luz dos almanaques

Dentro dele
numa área submersa
      reluz a paixão
essa alucinante ave dos sete mares
a escrever o destino
de nosso mapa no mundo
e vai pelos ares
como as folhas do verão
nosso amor de menino
sempre um menino diante do amor

Os minutos da tarde
      ardem
no branco dos papéis

como se fossem moscas
a perturbar o trabalho das sombras
como um pássaro assombrado
passamos
      ao outro lado da cidade

Quem há de no céu de cinza
escrever o silêncio amigo
      de seus rios?
Quem há de viver comigo
o voo milagroso das abelhas
o mel da vida que retiramos
do pólen de asfalto
como que escaldando
nossa própria alma?

Quem há de de auscultar as sombras
dos santos da Capela do Bom Fim
tão tristes e abandonados
como os pobres da cidade
à luz fininha do entardecer?

XXIV

Tudo é cidade
a paixão surda e muda
animal de estimação
nos escuda do bem e do mal

Tudo é cidade
com seu moinho de gente
que amamos à sombra
da vida precária
nosso bem necessário?

O que viaja
acima das nuvens altas
dentro do azul do espaço
o que está acima e abaixo
  é cidade
qualificando o sentimento
como quem habita
  com o fogo de criar
outras palavras
ou com a emoção simples de criar

Criar, criar, criar
único modo de me salvar!

Tudo é cidade
mas pouco brilha na sua velocidade
há muito silêncio
  guardando as pessoas
como se fossem objetos
  muro da sua própria dor
como se fossem
  a vida arrancada da infância

Palco sem margem
da tristeza estagnada
do que seria o cristal sem luz dos arrabaldes
onde os ruídos da esperança
é o impenetrável do sono
em que mortos e vivos
convalescem no mesmo espaço

Seria mais cidade
o espanto do lazer
o tecido do prazer
que cobre o fim de semana
a preços ao alcance da mão
e no entanto traz o som
da seda do amor
e a lágrima de um artista
que é um operário
e morre de fadiga
sempre antes da estreia

Seria mais cidade
com Dyonélio Machado
    Heitor Saldanha
em sua plumagem de pleno canto
como o território livre
onde passeiam as palavras
resgatando o esquecimento
Seria mais cidade
quando as horas
do verão levam o suor
os abismos da pele
a loucura do Baixo Bom Fim
que mói entre relâmpagos e tempestades
os jogos do amor
incendiando-se na alma

Talvez seja esta a cidade
    talvez não
apenas o medo de conhecê-la
traz o que não tem voz
    para defini-la

ou a conspiração das coisas sombrias
aprisiona o bordado da memória
que este óculo do cotidiano
    retém para nós
    num ritmo quase cardíaco

Quanta vida
    desfocada
    desnutrida
em meio às alfaces suburbanas
e o barro de fezes no quintal
    viaja aqui
ao lado de mim
neste ônibus da Vila Safira
e desliza dela, a vida,
a pulsar anônima a distância

Irmão que vais
viajando ao lado
expelindo à luz do horizonte
destinando as direções do vento
sem saber
    apenas viajando
nas hélices do tempo

Vida obscura
triste e indefinida
divido este banco
transitório e estrangeiro
e de amparo temos a consolação
de poder sonhar
às janelas de sol do verão
ou à luz seca das folhas de outono

De repente a vida desce
na próxima parada
e ninguém registrará nada
a não ser a fala muda
do destino
acendendo o rosto da paixão
como se fosse uma cerveja
num bar de fim de linha
mas entreaberta viaja
minha alma infeliz
liquidamente triste
tão isolada
como a alegria do meu país

XXV

A cidade vem me caminhando os girassóis
do sonho. Como tormentas de folhas, de um
outono alucinado, joga no espelho da noite
os pesadelos da vida e da morte. O ar mofado
da ausência, como uma flor exilada ao silêncio.
A cidade é uma beleza às avessas. Que não
ilumina as distâncias do caminho. O caminho
é pobre. No ônibus da Vila Safira o destino
balança o sangue triste e nervoso da miséria,
e os rostos amanhecem uma estranha beleza,
a que voa acima da constelação do olhar,
a enferma beleza dos pobres, que em seus
ossos tímidos roem o cálcio natural da vida
e da liberdade. Seria menos pobre e infeliz,
se a cidade não fosse Porto Alegre? Se fosse
uma cidade austera, religiosa, branca, democrática,
ao norte da Europa, com frio seco e papoulas
domésticas seríamos mais felizes?

A pedra onde estamos prende-se a uma pedra maior, ao espírito duro da terra, nossa mãe, também protetora, também esperança, que apesar de los pesares ilumina o coração. Que contração dialética poderá existir entre a umidade gris de Porto Alegre e sua assemelhada londrina?

Que realidade exterior poderia sangrar mais nossa realidade interior que este ônibus de miséria girando incessante em torno da cidade? Que tristeza maior esta de escrever poemas onde ninguém lê, e de saber, como Juan Gelman me diz desde Buenos Aires "ni con miles de versos harás la revolución". Poderemos diminuir a dor do mundo com estas palavras trazidas aos pedaços, do sentimento mais quente da alma? Poderemos diminuir as distâncias entre as mãos em fevereiro e dezembro, quando os dias vestem suas festas coloridas. Poderemos, sinceramente, amar, com estes versos escritos sob a pureza escura do vinho, e incendiar uma canção, um final de madrugada. Mas o que mais podemos é continuar golpeando o mundo, ao raiar do dia, com nossa voz unida, no portal da vida.

XXVI

Andarei as ruas da cidade
    toda a vida
é um ser na vida
um estar no mundo
que se anuncia
    mais forte
no rubor do entardecer
    mais forte
como a lama no fundo do rio
iluminada de fezes

Serei sempre a cidade
ainda que nela
não sobreviva
As manchas do destino
irão mais fundas
em sua geografia
como uma ave
que jamais arribará
na Fernando Machado
no Baixo Bom Fim
na Bento Gonçalves
na Lima e Silva
em todas as ruas da cidade
perpetuo uma estação de sombra
uma residência na sombra
um navegar a noite

Andarei as ruas da cidade
    toda a vida
embora não haja mais o clarão
da aurora sobre minha cabeça
o esfarelar das folhas na manhã
mas apenas os retratos
nas casas de amigos
a dormir entre crianças
que sabem ouvir a voz
das palavras no sonho

Vamos alimentá-la
do sabor clandestino da poesia
e desse tecido abstrato
que tange nos nervos
e ilumina nossa carne
dobrando-se à geografia
de vozes e sonhos
    a cidade a cidade

XXVII

Respira por mim Porto Alegre
    mais triste que alegre
eu que procuro cantar
sem afastar a dor maior
que é a dor geral
que não tem nome
porque é de todos
principalmeme dos homens
humildes e humilhados
que trabalham suas vidas
à luz da miséria
de cada dia

Que nos arrabaldes
podemos vê-los indecifrados
na paisagem de espinhos
desta cidade tão desgastada
pelo egoísmo
que a flor preferida é o dinheiro
que seca o coração
e põe os olhos
num horizonte sem luz

XXVIII

Porto Alegre Porto Alegre
eu te canto para além
de toda a miséria
porque em ti vive o melhor de mim
e somos a mesma semelhança
a luzir às frestas
desamparadas do meio-dia

Eu te canto, cidade,
como minha pátria
loucura e paixão
onde meus ossos encontram
o sono mais pesado
e me concilio num caminho para morrer

OS VENTOS DE PORTO ALEGRE

Os ventos de Porto Alegre
nunca amanhecem,
são negros tremores de paixão
que batem à janela
do fundo dos olhos dela,
e viram lágrima secreta
que desce quando
a amargura tece
           seu vestido.

Cidade e meu roteiro da paixão,
aqui te sonho
        cada vez mais bela
           e triste
com o mistério da alma
           a nos cobrir
com seu véu de prata.

Os sonhos ainda são os sonhos,
é onde me ponho
        a descoberto.
Vou aonde nem sonhara,
sou o límpido azul
    da última estrela.
Vivo sempre aqui,
na Cidade Baixa
      é meu reino da palavra,

a que lavra a ternura
que não se dissipa
           e perdura
em nossos passos cansados.

Talvez ainda não viste
no fundo dos teus olhos tristes
este céu caindo longe,
é a eternidade do verbo amar.
O tempo está coberto
de caspa e cinza.
Não finjas que não me amas,
sabes que a noite derrama
o desejo feérico sobre nossa cama,
sobre a lembrança
           mais antiga da vida.
E isto é o amor que temos
antes que nossos remos batam no mar.

Porto Alegre, tarde de 19 de outubro de 2000

CANTOS DE SESMARIA – XIX

Lânguida esvai a chuva
　　　　sobre minha alma infeliz.
Estou na rua onde morei,
　　　　em Porto Alegre, cidade
dos meus amores e país
　　　　das minhas esperanças.

Aqui,
　　　tudo é perto
　　　e o longe
　　　não existe.
A paixão mora ao lado
com seus corcéis alados.

Caminho à noite
　　　　com seus andaimes de estrelas,
aos poucos, vou subvertê-las,
　　　　deixando meu corpo,
　　　　coberto de sua lei perene.

É por um céu onduloso
　　　　que livro a alma do tenebroso,
daquilo que nos persegue,
　　　　sempre à sombra do que se era.
Ah, eu quero agora um céu de primavera,
　　　　um lustre de luz
　　　　que fotografe

      as feridas
      e os módulos do sonho.

Esta é a vida que tenho,
      rubra de pesadelos,
mas luto para convertê-los
      na paisagem amena
que vige no ar serena.
Aqui,
    vive o meu descanso,
eu que venho do rio,
      do seu remanso.
Essas coisas doem
        mas são terrenas,
        fabricam lágrimas de nossas
        penas,
mas ao alto já brilha
o lúcido caminho e a nova trilha.

Poderei perder o combate,
mas sempre o enfrentarei,
com minha espada de embate
e a sagrada luz que vem da cruz.
Vou mais longe,
      sou errante,
      sou rebelde
      e sigo a sina,
ao que Deus atende e ilumina.

CONTRAPONTO

É por corte, por contê-lo
contra os dedos
que este medo
sobressai e age

É por corte, é por dor
domada na agonia
que este amor
        amortece
contra o silêncio do dia

Mas de longe
já se anuncia
um fio de alquimia
a segredar poesia

POÉTICA ISOLADA

Não existe solidão na poesia
as palavras apenas quietas
ou inquietas transitam
como sombras sonâmbulas
do que detrás da morte e da vida
      é escrito
com a lucidez precisa do infinito

POÉTICA BRAVA

A Guilhermino Cesar

O poema é o sistema
onde a palavra
grava o conteúdo
grave e feroz de tudo
grava o que não tem
princípio ou término
e só finda num fundo
      de olho
onde a vida é um retrato
transparente da verdade

O poema não tem dilema
entre um susto e outro
sobrepõe-se por camadas de som
é um potro vidente
armado até os dentes
da fúria doce da imagem

PROFISSÃO DE FÉ

Não morrem os poetas
que a poesia eterniza
e na sua luz
fundamos a esperança
áspera rosa áspera espera
linha de água de um rio
correndo a infância
com sua voz de seda

    Não morrem
os que nesta mesa escrevem
que tudo é material de poesia
no voo livre das palavras
lúcida luz da alma
lúcida versão da vida
à sombra do próprio corpo
na fresca do verão
às frestas que levam ao coração

Aqui nos quedamos solos
la vida es una mujer hermosa
que nos manda beijos
no avental da noite
manda flores
na madrugada de chuva e frio
espremendo ao céu sem vento
as pandorgas do desejo
construídas nos quartos silenciosos do corpo

Brilha, vida, envidraçada
nos copos deste bar
levantando a fumaça
sob o metal do esquecimento
    sob a melancolia
e o denso vermelho de seu mar interior

Só sairemos deste bar
    no azul da manhã
    na pétala da aurora
onde renascemos
e fundamos a esperança
esse navio de sons
    a navegar pelo mundo

Só sairemos deste bar
quando o amor acabe
não o amor que vive em nós
flor incendiada
mas este respirar na noite
o silêncio das pedras
a esfarelar os sentimentos

Envidraçado pela cerveja
no Chalé da Praça Quinze
o amor é uma nuvem sem ar
é como o sono gris dos tristes
e a dor por mais anônima
espelha os retratos animais do mar

domar o mar sob as intempéries
sob o caos, o grito dos mutilados
os parentescos de luz da angústia
subjugando-nos ao dano dos extraviados

o tempo avança com o fogo de seus ossos
e entristecemos mais na casimira da tarde
somos o gosto salobro da água de um poço

mas reinventamos nosso próprio alimento
fantasmas sobreviventes desesperados
escrevemos a linha de luz no vento
e o facho de uma flor
      acende
a chuva das horas
que uma pétala sempre
      acende
até nos subúrbios de sua cor
      menina
e sublima sublima
o louco clamor do corpo
que escreve por nós
sob o calor da vida

quero reaver as estrelas
que me cabem no céu
quero reaver o horizonte
sem horizonte da campanha
quero o cinza da agonia
os detritos da tristeza
para refazê-los em um novo verso
triste e agônico
pela vida afora
e passo a passo compor
o tráfego dos dias
o ácido luminoso das semanas
a pulseira de sóis dos anos
e escrever

e escrever
e escrever
todos os minutos da vida
os barulhos azuis da alma

Ah, não morrerão jamais
      as palavras escritas
      elas dão a infinita sensação
      de que a vida existe
e transforma até o último
      vocábulo
no poema
      animal solitário
que a sua voz apaixona
e aprisiona a tudo
até o finzinho da madrugada
onde vem luzindo a claridade da morte

O POEMA É TUDO

I

O poema na página.
Me exercito em vocábulos,
sentimentos antigos
que ancoram à margem da folha branca.
O que em mim é doce e bom
ou podre e pobre.

O poema se instala.
Estampido,
latido vadio,
animal anônimo
à procura de uma casa
no azul vazio da alma.

O poema rasga a caixa do mistério.
Deslumbra os objetos da morte,
as impurezas da linguagem,
e age dentro da língua
com seu ímã.
E ela, irmã de todas as horas,
      ampla de pampa e ovelhas,
dividida entre a fala
      e o sentimento,
escuta.

II

Quantas vezes tenho de cobrir
o tempo com xales escuros,
para que a luz não fuja.
E lá eu possa encontrar
a rua Aquidaban,
suas árvores perto do rio Uruguai,
as balsas de lenha.
Naquelas águas
inscreveu-se o mistério.
Uruguaiana,
     onde o barulho das pedras
e o perfume do jasmim
inventaram a noite
que existe em mim.

O poema é tudo
o que me trouxe.
Longos caminhos são quarenta e tantos anos.
Dorme do outro lado da lembrança
o sono tranquilo da infância.

Cristal de fogo
o silvo do poema salva
sua sombra de luz.

O Rio Grande é meu país.
A língua é meretriz
na sua doma até a raiz.
O poema fere de morte
o que em nós
a língua escuta.
E salta da página para o coração.

NUNCA MAIS SEREMOS OS MESMOS – CII

A sabedoria conhece o mundo,
mas nada tem a ver com a poesia.
As hélices do tempo se movem
com a loucura verbal do poema,
o tempo imortal é o tema
que funda palavras na eternidade.
A felicidade ergue seus voos,
e escrevemos o que dela se avista,
a dor da fome é fúria limpa
e no final do verso se declara.
Os humildes, os pobres e os humilhados
escrevem por mim vida afora.
É ave muito, muito clara,
a marcar nos relógios
a sentença dos minutos.
O poeta nomeia as coisas
e ordena o mundo.
Este é meu ofício,
seu vício diário
e intransferível.

BIOBIBLIOGRAFIA

Nascido em Uruguaiana, em 6 de abril de 1945, Luiz de Miranda permaneceu no Rio Grande do Sul até 1966, quando partiu para São Paulo, que o acolheu por dois anos. Inaugurou as atividades literárias ainda quando residia no Sul, colaborando com o jornal *A Plateia*, de Santana do Livramento. Na capital paulista, integrou-se à vida teatral e literária; contudo, por causa de suas posições políticas, precisou exilar-se no Uruguai, na situação de refugiado clandestino. Em 1968, regressou ao Rio Grande do Sul, publicando, em Alegrete, em 1969, seu primeiro livro de poemas, *Andanças*, na série dos *Cadernos do Extremo Sul*. No mesmo ano, foi preso, quando tentava localizar o poeta Laci Osório, este igualmente perseguido pelo regime militar.

No final de 1969, Luiz de Miranda radica-se em Porto Alegre, trabalhando como redator do programa *Sala de Redação*, transmitido pela Rádio Gaúcha, em 1971. Não interrompe, porém, seus vínculos com o teatro, nem com a política, ações que acabam determinando novo encarceramento, agora por ocasião da encenação de *A resistível ascensão de Arturo Ui*, de Bertolt Brecht, pelo Teatro de Arena, de Porto Alegre. É no mesmo ano que recebe seu primeiro prêmio de poesia, concedido pelo Diretório Central de Estudantes, da Universidade Federal do Rio Grande do Sul.

Luiz de Miranda mantém-se em Porto Alegre até 1975, quando se transfere para Buenos Aires. Da Argentina, muda-se para o Rio de Janeiro, colaborando com o jornal *O Globo*. Retorna à capital gaúcha em 1979, de onde parte outra vez para o Rio de Janeiro, em 1983, que, porém, não retém o autor de *Andança* por muito tempo; em 1985, ele está outra vez no Sul. Desde então, a cidade, que é o "roteiro" da "paixão" do escritor, constitui seu lugar de morada preferido e motivo constante de inspiração e de criação poética.

Desde a publicação de *Andança*, em 1969, até a de *Nunca mais seremos os mesmos*, em 2005, Luiz de Miranda compôs 14 obras individuais de poemas e dois livros juvenis; participou também de várias antologias e teve seus versos impressos no exterior. Vários prêmios celebram suas realizações, como o Erico Verissimo, concedido pela Câmara Municipal de Porto Alegre, em 1987, e o Poesia 2001, conferido pela Academia Brasileira de Letras por *Trilogia do azul, do mar, da madrugada e da ventania*.*

Tendo exercido o jornalismo e atuado, na juventude, no teatro, é na poesia que o artista e intelectual Luiz de Miranda realiza-se de forma plena e cabal. Miranda tem hoje a obra poética mais extensa do mundo, com 2.810 páginas publicadas. Em segundo, está Pablo Neruda, com 2.080 páginas.

Obras do autor: *Andança* (1969); *Memorial* (1973); *Solidão provisória* (1978); *Estado de alerta* (1981); *Porto Alegre, roteiro da paixão* (1985); *Amor de amar* (1986); *Antologia poética* (1987); *Livro dos meses* (1992); *Livro do passageiro* (1992); *Poesia reunida* (1992); *Livro do pampa* (1995); *Amores imperfeitos* (1996); *Incêndios clandestinos* (1997); *Nova antologia poética* (1997); *Quarteto dos mistérios, amor e agonia* (1999); *Trilogia do azul, do mar, da madrugada e da ventania* (2000); *Trilogia da casa de Deus* (2002); *Cantos de sesmaria* (2003); *Poesia das capitais* (2003); *Nunca mais seremos os mesmos* (2005).

---

* Recebeu o Prêmio Negrinho do Pastoreio (2005), como o melhor poeta do Rio Grande do Sul. Em 2009, recebeu o Grande Prêmio Mundial do Instituto Literário e Cultural Hispânico, com sede na Califórnia (EUA). Também recebeu prêmios na Itália, no Panamá, no Paraguai e nos Estados Unidos.

BIBLIOGRAFIA

ALVES, José Édil de Lima. Luiz de Miranda: as trajetórias de um poeta. In: MIRANDA, Luiz de. Poesia reunida (1967-1992). Porto Alegre: Instituto Estadual do Livro; Rio de Janeiro: Civilização Brasileira, 1992.

——— . Amores imperfeitos. In: MIRANDA, Luiz de. *Amores imperfeitos*. Porto Alegre: Sulina, 1996.

CESAR, Guilhermino. *Notícia do Rio Grande – Literatura*. Porto Alegre: Instituto Estadual do Livro; EDUFRGS, 1994.

FILIPOUSKI, Ana Mariza Ribeiro. Luiz de Miranda. In: ZILBERMAN, Regina; MOREIRA, Maria Eunice; BRASIL, Luiz Antônio de Assis. *Pequeno dicionário da literatura do Rio Grande do Sul*. Porto Alegre: Novo Século, 1999.

FISCHER, Luís Augusto. Ainda encantados de romantismo. In: MIRANDA, Luiz de. *Amores imperfeitos*. Porto Alegre: Sulina, 1996.

INSTITUTO ESTADUAL DO LIVRO. *Luiz de Miranda*. Porto Alegre: IEL, 1990. v. 2. (Coleção Autores Gaúchos.)

IVO, Lêdo. Por uma estética do excesso. In: MIRANDA, Luiz de. Trilogia da casa de Deus. Porto Alegre: Sulina, 2002.

MOURÃO, Gerardo Mello. Um convite à poesia. In: MIRANDA, Luiz de. *Quarteto dos mistérios, amor e agonia*. Porto Alegre: Sulina, 1999.

―――― . O pampa tem um poeta. In: MIRANDA, Luiz de. *Cantos de sesmaria*. Porto Alegre: Sulina, 2003.

OLINTO, Antonio. Prefácio. In: MIRANDA, Luiz de. *Trilogia do azul, do mar, da madrugada e da ventania*. Porto Alegre: Sulina, 2000.

―――― . O poeta e seu apocalipse. In: MIRANDA, Luiz de. *Nunca mais seremos os mesmos*. Porto Alegre: Nova Prova, 2005.

SCHÜLER, Donaldo. *A poesia no Rio Grande do Sul*. Porto Alegre: Mercado Aberto; Instituto Estadual do Livro, 1987.

ZILBERMAN, REGINA. *A literatura no Rio Grande do Sul*. 2. ed. Porto Alegre: Mercado Aberto, 1982.

―――― . *Literatura gaúcha: temas e figuras da ficção e da poesia do Rio Grande do Sul*. Porto Alegre: L&PM, 1985.

―――― . Poesia de amor : amor de poesia. In: Miranda, Luiz de. *Amor de amar*. Porto Alegre: L&PM, 1986.

―――― . Luiz de Miranda. In: *Biblos – Enciclopédia verbo das literaturas de Língua Portuguesa*. Lisboa: Verbo, 1999. v. 3.

―――― . O poeta canta as capitais. In: MIRANDA, Luiz de. *Poesia das capitais*. São Paulo: FTD, 2003.

ÍNDICE

Poeta de corpo e alma	7
Andança	15
Primeiro canto à companheira	18
Signos de partida	20
Elegia do instante	21
Vigilante	23
Sobrevivente	24
Artefactos para cumprir a vida	26
Desmanhã	32
Pastoral	34
Contacto	36
Declaramento	38
Esperançamento	42
Convite	44
Tua leveza	46
Ferramentas do tempo	47
Lição	49

Ninguém me escuta	50
Livro do pampa – VII	51
Livro do pampa – XXII	54
As margens do meu canto	55
A tristeza da ausência	56
Irei aonde a noite pulsa	57
Vida minha, sou todo vosso	58
Só conheço a palavra escrita	60
Darei aos ventos	63
Tudo vira ventania	66
O semblante da pampa	68
Cantos de sesmaria – III	70
Cantos de sesmaria – V	74
Cantos de sesmaria – VII	75
Cantos de sesmaria – XXVI	76
Cantos de sesmaria – XXXVI	79
Nunca mais seremos os mesmos – VII	81
Instante	82
Estado de alerta	83
A presença do passageiro	104
Livro do pampa – XVI	106
O vento díspar	108

Meu legado, minha alquimia	109
Somos a multidão e seu viver	111
Vi de tudo	112
Recuerdos de minha mãe	115
Cantos de sesmaria – XLII	117
Nunca mais seremos os mesmos – IV	119
Nunca mais seremos os mesmos – LXXX	120
Elegia do pequeno abandono	121
Na seda do coração	125
Teu nome	126
No brilho seco da noite	127
Lis	128
Amor de amar	129
Noite	132
Informação aos deuses	133
Na ternura orvalhada	136
Apenas ponte	138
A vida vibra	140
Os azuis possíveis planam no ar	142
Mesmo assim andamos	144
Porto Alegre roteiro da paixão	146
Os ventos de Porto Alegre	186

Cantos de sesmaria – XIX 188
Contraponto 190
Poética isolada 191
Poética brava 192
Profissão de fé 193
O poema é tudo 197
Nunca mais seremos os mesmos – CII 199

Biobibliografia 201
Bibliografia 203